松坂世代の無名の捕手が、なぜ巨人軍で18年間も生き残れたのか

加藤 健
元読売ジャイアンツ捕手

竹書房

ZETT

兄の影響で小３から野球を始めた。投手だった
兄のボールを受けることが多く、ポジションは
自然と捕手になった。これが捕手人生の始まり

ジャイアンツのＴシャツを着て、いつも広いと
ころで元気に遊んでいたという。母に連れてい
ってもらった東京ドームは「夢の球場」だった

二学年上の兄たちと比べても肩は強く、体の大きさも遜色なかった。
体の大きさを活かすため、小学校を卒業するまで柔道もやっていた。向かって一番左が著者

新発田農業３年時の1998年には、「四番・主将・捕手」として春・夏連続で甲子園に出場。豪華メンバーが揃う「松坂世代」との対戦に胸躍らせた

この年は、150キロ超を投げる剛腕、横浜・松坂大輔投手が春夏連覇を達成。「怪物」の名に相応しい大活躍で、世間の注目を一身に集めた

長女、長男が生まれた翌2006年と2011年には、一軍でチームの勝利に数多く貢献。子供たちの存在が活躍を大きく支えた

右：巨人軍での最後の試合には、始球式に長女・愛莉ちゃんと長男・峻平くんが参加。感極まって泣いてしまうのではないかと不安だったという

左：小学１年生にもかかわらず、18.44メートルの距離を見事にノーバン投球。本当に驚いて「すごいな！」と笑顔でグータッチを交わした

はじめに

新潟で育った僕は周囲の方々の支えもあり、1998年のプロ野球ドラフト会議で、読売巨人軍から3位で指名された。そのときの1位は上原浩治さん（カブス）で、2位が二岡智宏さん（巨人打撃コーチ）だった。

新発田農業3年時の1998年には、「四番・主将・捕手」として春・夏連続で甲子園に出場した。この年の甲子園大会は、〝怪物〟と呼ばれて春夏連覇を達成した横浜・松坂大輔投手（前ソフトバンク）が主役だった。僕たちの代は、世間から「松坂世代」「黄金世代」と呼ばれ、プロ野球界を席巻したメンバーが揃っているのは野球ファンの方ならご存じだろう。

僕自身、同世代に負けるつもりは全くなかった。だが、現実は厳しかった。松坂大輔、杉内俊哉（巨人）、新垣渚（元ソフトバンク）らがチームの中心で活躍する中、巨人入団後、僕は一度もレギュラーにはなれなかった。

プロ2年目で一軍デビューはできたが、そのオフのドラフト会議で日本球界を代表する捕手、阿部慎之助さんが巨人にドラフト1位（逆指名）で指名されて入団。僕の前に大きな壁として立ちふさがった。阿部さんの打撃、プレーは入団時からとにかくすごかった。いつか追い抜いてレギュラーになってやると思っていたが、正直そう簡単に勝てる相手ではなかった。

どうやったら阿部さんに勝てるのか？

どう工夫したら阿部さんに少しでも近づけるのか？

そんなことばかりいつも考えていた。

しかし、僕は結局一度もレギュラーになることはなかった。通算成績も、レギュラーが1年間プレーすれば、一瞬で抜かれるような数字しか残していない。それでも、僕は18年もの長い間ジャイアンツでプレーすることができた。阿部さんが入団した２００１年以降の4年間、僕は一軍戦にたったの二度しか出場していないのに、だ。

毎年、毎年が戦力外を噂される「崖っぷち」の戦いを繰り返し、２０１６年オフに退団するまで何とかチームの一員でいることができた。それはこの世界で生きていくために、考え方の変化があったからだ。

「使いやすい〝商品〟になろう」と決めた日が転機だった。

自分が経営者で人を使う立場にいたら、新しく入ってきた人材をまず使ってみようと思うだろう。でも、その新しい人が〝使えない商品〟だったとしたら、少し古くても〝使える商品〟に戻すはずだ。

阿部さんだけではなく、巨人に新しい捕手がドラフトやFA、トレードで何人も入ってくるたびに、自分の地位が揺らいだ。腐りそうになった時期もあったが、ある一定の時期を過ぎると、それもなくなった。レギュラー捕手だけに固執することもなくなった。それよりもチームの勝利に貢献できることは何か、他の捕手よりも、自分が秀でているのは何かを考えるようになった。

そして出た答えが、技術的なことはもちろん向上させつつ、コミュニケーションスキルも上げていけば、チームから必要とされる〝商品〟になれるのではないかというものだった。僕は、誰よりも人の気持ちがわかる捕手になろうと思った。「心」の成長に限界はないからだ。それに、人の気持ちを動かすのも、人だ。そのためには、声を掛けるタイミングも大切になってくる。だから僕は現役時代、タイミングというものを大切にしてきた。

プロの世界では、二軍でいくら良い成績を収めても、一軍で結果を残さなければ生き残ることはできない。正捕手の阿部さんに休息を与える日もあるだろうし、怪我をすることだってある。そこで自分が起用されることを想定し、いつだって準備をしていた。実際、負傷による阿部さんの長期離脱もあった。こんな僕が日本シリーズに出場することもできた。

また、敗戦ムード漂う途中出場であっても、僕はその一試合、一打席、一球に懸けて必死に結果を残した。そういう場で、自分の地位を少しでも上げていかなければ、下がることなんて一瞬だからだ。そこで、僕は何事も「はじめ」を大事にしていた。はじめの一球目、はじめの一打席目、はじめの一試合目の結果次第で、僕の運命は天と地ほども違ってくるからだ。

一軍と二軍の行き来が多かったため、昇格即スタメン出場ということも何度もあった。一軍投手の近況がわからないときは、データだけに頼るのではなく、裏方さんのブルペン捕手によく話を聞くようにして、自分が見えていない部分を補った。前日に調子が良くても、人間は毎日変化する生き物だからだ。とにかく僕は、そうやって人との会話を大切にして、人の気持ちや状態を読み取ろうとした。

そのサイクルがわかるようになってから、僕は自分らしくプレーすることができるようになった。この境地に辿りつくまでに、いくら感謝の言葉があっても足りないほどの恩人が大勢いる。地元の恩師や仲間。同期入団でメジャーで活躍している上原浩治さん。苦しい時期を一緒に乗り越えてきた「松坂世代」のNPBの選手たち。そして妻や二人の子供たち。それぞれの存在が僕にとって大きかった。

いろんな要因が、巨人というチームに18年間も在籍できたことにつながっている。何度も言うが、常にその日その日が崖っぷちだった。僕はこの言葉が好きだったし、この言葉が僕に合っていた。崖っぷちの局面で、僕は来年の契約を勝ち取れるパフォーマンスを見せ、いつも食らいついてきた。

今シーズン、自分では頑張ったなと思っても、すぐに来年のことを考える。来年戦力になれなかったら、戦力外へと近づく。自分に期待はしていても、少なからず不安や焦りも脳裏をよぎる。レギュラーがすべてではない。思い通りにいかない現実を、環境や人のせいにするのではない。自分の居場所は、自分で作っていかなければいけない。

学校や社会で苦しい立場に置かれている方にとって、本書がその突破口を見つけるきっかけになれれば本望だ。

松坂世代の無名の捕手が、なぜ巨人軍で18年間も生き残れたのか

目次

第2章 商品

第3章 準備

第4章 椅子

第5章 勝負

第6章

通告

終　章　故郷

怪物

第１章

お前、肩強いな

プロになるきっかけとなった忘れられない一言がある。第二の野球人生を踏み出した今も、それは深く僕の胸に刻まれている。

僕は新潟県北蒲原郡聖籠町で生まれ育った。日本海に面した港町で緑も豊か。さくらんぼやぶどうなどの果物が名産だ。時間がゆっくりと流れるようなそんな田舎町に、元プロ野球選手が野球教室のためにやってきたのだ。1995年、講師で元中日の名二塁手にして、監督も務められた経験のある高木守道さんに、中学3年生だった僕はこう声を掛けられた。

「お前、肩強いな」

何気ない一言だったのだろうし、単純な言葉かもしれない。だが、子供心に突き刺さった。前年の1994年10月8日、巨人・長嶋茂雄監督（当時）に

「国民的行事」と言わしめた同率首位決戦で、中日の指揮を執った名将だ。そんな方の目に僕の肩の強さが留まった。

プロ野球選手になれるかもしれない――。

毎日家に帰れば、巨人戦を観ながら夕飯。僕もそこでプレーしたいなと本気で思っていた。日々の練習では、プロに行くためにはどうすればいいかを頭の中でいつも考え、プロになった自分の姿を想像していた。野球の強い高校に進み、甲子園に出場して、スカウトにアピールしたい。そのためには、勉強も頑張らないといけない。

腐りそうになったときも、野球教室での高木さんの一言で何度も助けられたし、その一言のおかげで常に目標を見失うことはなかった。実際にプロ野球選手になってから、高木さんと話をさせていただいたことはない。15歳だった僕のことなど覚えているはずがない。せめてもの気持ちを込めて、会釈くらいしかできないが、僕に夢を与えてくれた恩人だ。

ふたつ年上の兄・隆が野球をやっていた影響で、小学3年生のときに軟式野球チーム「蓮野ニューパワーズ」で野球を始めた。投手だった兄のボールを受けることが多く、ポジションは自然と捕手になった。投手をやりたいという気持ちを兄に伝えても、僕はいつも捕手。それが僕の捕手人生の始まりだ。

僕は、兄の代の二学年上のメンバーと比べても肩は強く、体の大きさも遜色なかった。体の大きさを生かすため、小学校を卒業するまで柔道もやっていた。当時は太っていて小学3、4年生の頃がピーク。その頃は肥満児といってもいいくらいの体型だった。カロリー摂取量が多いため、夏休み前に学校の先生から、ケーキなどの甘いものは控えるようにと指導を受けたほどだった。

小学校卒業時の身長は166センチで、体重は63キロくらい。シニアリーグやボーイズリーグなど硬式野球からの誘いもなく、地元の聖籠町立聖籠中学校の軟式野球部に入部した。

腐らないで野球を頑張れ!!

しかし、部活の顧問である監督は、野球経験のない方だった。野球に自信のあった僕は入学時、先輩も含めた全部員と自分との実力を比較・分析し、一学年上の代からはレギュラー捕手として試合に出られるものだと想像していた。しかし、監督が上の学年から試合に出させる方針だったため、ひとつ上の先輩捕手が試合に出続けた。僕は納得がいかず、恥ずかしながら部活を本当に辞めようと腐っていた時期があった。

そんなとき、一人の先輩が声を掛けてきた。のちに新発田農業でも一緒にプレーすることになる、一学年上のエース・石井実さんだ。練習中に石井さんに呼ばれ、こう言われた。

「監督は野球を知らないけど、みんながお前のことを認めている。だから、腐らないで野球を頑張れ!!」

石井さんのこの一言がなかったら、僕はプロ野球選手になっていなかったかもしれない。硬式のクラブチームからの誘いもあったが、石井さんとの約束を守るため、控えでも地元の中学で頑張ろうと思った。

今では、顧問の先生は僕に、悔しさを与えてくれたんだと思えるようになった。先生は、試合中でも野球の本を読んだりして、いつも研究していた。野球未経験の部分を補おうとしていたんだろうし、やはり勝負には勝ちたかったんだと思う。当時は、逆の立場になって考えることのできなかった自分が、今となっては悔しい。中学2年生からレギュラーになっていたら、僕は天狗になっていただろうし、努力することもなく、つぶれていたかもしれない。

他にも、中学校には僕の人生を左右する存在だった方がいる。故・星公雄校長と2年間担任だった鈴木広宣先生だ。このお二人がいたから、僕は新発田農業に進学することができたのだ。

僕は、隣の新発田市にある野球強豪校・新発田農業に行きたかった。幼い頃、親戚が連れていってくれた高校野球の試合で見た光景が、忘れられなかったからだ。選手たちがシートノックで見せた華麗なフィールディング。180センチを超える捕手で、四番打者の吉川知宏さんのプレーも格好よかった。しかし、いくら僕が進学を希望しても、内申点が足りなかった。先生たちの一押しが必要だった。

僕はある日、星校長に呼ばれた。これまで話をした記憶はない。一学年に108人もの生徒がいたにもかかわらず、僕のことを気にかけてくれていたのだ。風貌は若干怖い。校長室で僕は緊張した。そして、こう言われた。

「本当に君は高校で野球をやるのか?」

「3年間しっかり続けると、ここで約束できるか?」

僕は即答だった。「できます」と。すると、推薦が決まった、最終的にハンコを押すのが星校長の役目だった。もし、一年で高校の野球部や学校を辞めるようなことがあったら、今後、聖籠中学校から新発田農業へは進めない。後輩たちに悪影響が出るため、星校長は僕にはっきりと聞きたかったのだ。担任の鈴木先生も、

「あいつから野球を取ったら何もない」

と、僕が野球をやっているときの目の輝きを見てくれていて、星校長に直談判してくれたと聞いた。こうして僕は、新発田農業で野球ができることになったのだ。

星校長は僕が巨人在籍中にこの世を去った。ただ、ひとときも感謝を忘れたことはない。亡くなられた年のオフには、線香をあげさせてもらいに星校長のご自宅を訪ねた。

人の気持ちを考えろ

父・重雄の言葉もよく覚えている。進路の相談をしているときのことだ。

「本当に高校で野球するのか?」

と聞かれたので、「するよ」と答えると、無口な父は静かに席を立った。職業は大工だったから、あっという間に家の庭にバットが振れるスペースのある小屋を作ってくれた。新潟の冬は雪が積もるため、外での練習は制限される。室内でティー打撃ができるように、ネットやボールを自動で上げるマシンと、ボールを2ダースも買ってくれた。父は野球の経験がなく、教えられないという思いもあったのだろう。自分にしかできないことをやってくれた。冬が来るたびに僕はそこでスイングし、プロの礎を築いた。

父は、僕がやりたいことを話すと、よく「一年続けられるのか?」と聞いてきた。そして僕が「やる」と答えると、何事でもトライさせてくれた。そんな父の言葉にも影響を受けた。

「人の気持ちを考えろ」

「自分が言われて嫌なことは人にも言うな」

「自分がされて嫌なことは人にもするな」

何をするにも一瞬自分の頭で考えて判断を下し、それから言動に移れと叱られるたびに言われていた。人のことを考えることは日常生活でも大切だし、野球、特に捕手をする上でも重要なことだ。僕は自然と、この球種を投げたいんだろうとか、投手の気持ちになってリードを考えるようになっていった。人間が10人いれば10通りの考え方があると思うし、意見がすべて合う確率なんて低いに決まっている。小さい頃から父にうるさく言われてきたことが、自分のキャッチャー人生に生きたんだと思う。

父は僕だけではなく、兄にも同じことをよく言っていた。兄が怒られている姿を何度も見ていたので、僕は周りを冷静に観察するという力が自然についていた。いろんな視点、角度から物事を考えることもできた。今となっては、僕は弟でよかったなと思っている。

母・みさ子にも本当に感謝していることがある。母は野球を知らないのに、東京ドームの巨人戦のチケットを買って、いつもテレビで見ていた夢の球場へ、遠く新潟から僕を連れていってくれた。目の前では吉村禎章さん（巨人打撃総合コーチ）、松井秀喜さん（元ヤンキース）らのプレーを見て、本当に興奮した。僕は巨人ファンだったが、観戦したのは左翼席。相手の横浜ベイスターズの応援団のど真ん中だった。「母ちゃ〜ん、ここはないわ〜」と文句を言ったことも覚えているが、僕の夢の想像を膨らませるきっかけになったのは間違いない。この場を借りて、母にも御礼を伝えたい。

なんであんなサインを出すんだよ

進学先に選んだ新発田農業は、10年近く甲子園出場から遠ざかっていた。そして、僕たちが高校3年生の1998年の春にセンバツ初出場。夏には11年ぶり5回目の出場を果たすことになる。

入学時の学校の印象は、県大会の決勝までは進むも、なかなか甲子園には行けないというものだった。僕は、憧れていた白に緑のユニフォームで日本文理や新潟明訓、中越などの強豪を倒して、聖地に行くぞという気持ちだった。

高校時代の監督、松田忍監督（村上桜ヶ丘監督）は文武両道、人間形成を重んじる方だった。野球以外のことにも厳しく、野球部を引退しても社会に通用する人間を作ろうとされていた。テスト前は勉強を優先。野球部員は帰宅させず、学校の教室で毎日2、3時間、「勉強会」で缶詰状態にさせられた。わからない問題があれば先生に聞きに行けと、各教科の先生との距離を縮めて効率よく学習させる狙いもあった。

また、監督は選手全員と野球ノートの交換日記をしていた。僕たちは自分の意見や疑問点などを、いつもノートに書いて提出していた。監督はノートの内容から、選手の変化や成長などを感じ取っていたんだと思う。

中学時代の僕を知っていた松田監督は、1年春から公式戦で起用してくれた。当時3年生のレギュラー捕手は、プロのスカウトも注目する選手だった。その先輩をショートにコンバートしてまで、僕を正捕手として使ってくれたのだ。松田監督が将来を見据え、本気で僕をプロ野球選手にしようとしてくれているんだと感じた。

ただ、3年生とバッテリーを組むのは大変だった。「なんであんなサインを出すんだよ」と言われたこともあった。二学年も上の先輩との意思の疎通は、簡単なものではなかった。だが、先輩との会話の中での言葉の変化、表情や仕草の変化、マウンドでの雰囲気など、自分の目で見て考えに考えて、そして勇気を持って先輩に話しかけて、少しずつ距離を詰めていった。

このとき、二学年の差は大きいと感じたが、のちに18歳でプロになってからは、20歳も年上の投手たちともコミュニケーションをとらなければならなかった。それを考えれば、ふたつくらいの年の差は乗り越えないといけない。プロで活躍するための基盤を、監督が作ってくれたと言っても過言ではない。

プロに行くためには、甲子園に出ることが最大のアピールだと監督からも言われていた。まず、2年秋に最初のチャンスがやってきた。県大会で優勝し、センバツの重要な参考資料となる北信越大会に進出した。決勝で敦賀気比（福井）には敗れたが、北信越2位の成績を残せたので、僕たちの代で初めての甲子園出場を手中に収めることとなった。

北信越大会ではあまり活躍した印象はないが、決勝戦で、現在敦賀気比で監督をしている東哲平から本塁打を放ったことや、広島でプレーした東出輝裕（広島打撃コーチ）に盗塁を許さなかったことなど、見ていたスカウトにアピールできたのではないかと思っている。

だが、これも松田監督のおかげだ。監督から僕は「東出が塁に出たら、ベンチを見ろ」という指示を受けていた。監督は、俊足でプロ注目の東出が盗塁を仕掛けてくるタイミングがわかっていた。東出が盗塁してくると感じたときは、ボールを外に外せという指示が出た。監督の読み通り、東出はスタートを切ったが、ボールを外したので二盗を許さなかった。監督が僕の強肩と読みを、同時にプロのスカウトにアピールしてくれたのだ。

また、この場所に絶対に来る!

積雪の厳しい冬の寒さを乗り越えれば、僕たちは夢の舞台で試合ができる。練習にも気合が入った。新発田農業には雪国らしい独特の練習方法があった。僕らは農業高校なので、通称「ハウス」という農作物を作るためのふたつのビニールハウスを、練習場として活用するのだ。冬のこの時期は何も生産していなかったので、6か所くらいでティー打撃のできるスペースがあった。もうひとつのハウスにはブルペンを作り、投球練習をした。

ビニールハウス内は結構、温かい。昔は北海道や東北、北信越など雪国の高校はハンデがあると言われていたが、僕らは特に感じなかった。外では時に50センチほど積雪することもあるため、足をしっかり上げて走らないと前に進まない。これが結構きついのだが、足腰を鍛える貴重なトレーニングとなった。ただ単純に走ることに飽きたときは、サッカーをやったこともある。楽しみながらゲーム感覚で行うサッカーも、積雪の中だと自然に足腰が鍛えられた。

1月に、待望のセンバツが正式に決まった。新発田市は初のセンバツ出場に盛り上がり、僕らも周囲からチヤホヤされることもあった。だが、僕は全国のすごい選手たちを早くこの目で見たいと思っていたので、気を抜くことはなかった。一試合でも多く勝つことができれば、その〝怪物〟たちを見る機会が増えるし、そこで活躍することがプロへのアピールにもなる。それが僕のモチベーションになっていた。

しかし、蓋を開けてみたら〝化け物〟だらけだった。横浜・松坂大輔をはじめ、関大一の久保康友（前ＤｅＮＡ）、東福岡・村田修一（前巨人）……。彼らだけではない。名前も知らないような投手でも、すごい球を投げていた。

僕らの初戦は1998年3月25日、開幕カードだった。だが、愛知の豊田西に0－5で敗れた。相手の松下克也投手はストレート、フォーク、スライダーを投げる好投手だった。フォークは全然頭になくて、高校生でこんな投手がいるのかと衝撃を受けた。新潟の高校にもフォークを投げる投手はいるが、ここまで高いレベルではなかったし、改めて「全国はすごい」「お前らはまだまだ甘いんだ」と教えてもらった気がした。甲子園での滞在期間はあっという間だったが、夏に向けて、

「また、この場所に絶対に来る！」

と心が躍った。

しんはったのうぎょう

夏の甲子園が80回の記念大会であったことや、150キロ超を投げる剛腕、

松坂らのおかげで、この年の高校野球は世間から高い注目を集めた。雑誌やテレビの特集も多く組まれていた。新発田農業は夏の新潟県大会を制して、選手権出場を決めた。再び全国の高いレベルの選手と甲子園で対戦できる。面識はないが、メディアに出ている同級生たちに会うのも楽しみだった。

開会式前の集合場所では、記念写真をたくさん撮らせてもらった。横浜の松坂や後藤武敏（DeNA）、小池正晃（DeNAコーチ）とは「はじめまして」と言いながら一枚のフレームに収まった。ユニフォームの「YOKOHAMA」の文字が強そうに見えた。

他にもPL学園の平石洋介（元楽天ヘッド兼打撃コーチ）、豊田大谷の古木克明（元オリックス）、佐賀学園のスラッガーでのちにチームメートになる実松一成（巨人）たちとも記念撮影をした。僕は、またすごいメンバーと試合ができるなとワクワクしていた。横浜やPLは、チーム全体が歩くだけで雰囲気が違った。自分たちが見られているという意識が高かったように思えた。

「新発田農業」は県外に出れば、「しばたのうぎょう」とは読まれず、「しんはったのうぎょう」などと読まれる始末だったし、なんで帽子のアルファベット

A
SHIBAT
P L
AKUEN
OKOYAMA
敦賀気
阜三田

が「A」なのかともよく聞かれた。農業の「A」（agriculture＝アグリカルチャー）という意味だと説明するのだが、この瞬間から新発田農業も勝って、僕も活躍して、地元を、学校を有名にしたいと強く思った。

初戦は島根代表の浜田だった。強豪がひしめく県ではなかったので、くじ運がいいなとメンバーたちとは話していた。相手のエース左腕の持ち球は直球とカーブ。球速は最速135キロくらいだとミーティングで聞いていた。このくらいの投手なら新潟にもいたし、打ってきた自信もあった。このとき、その左腕が、のちにソフトバンクやメジャーでも活躍する和田毅であったことや、そのすごさにも気づいてはいなかった。今思えば、初戦に松坂のいる横浜と当たるくらいのくじ運の悪さだったかもしれない。

結果から言うと、2－5で浜田に敗北。チームは和田に抑えられ、僕は四番としての仕事はできなかった。打席では、直球が来ると配球を読んで、イメージ通りに打ちにいった。「捉えた」と思ったが、打球は一塁側ベンチ方向へのファウル。イメージと違う。和田のボールは球速表示より速く感じた。

思った以上に速かったので、今度は少しタイミングを早めて構えた。すると、和田は僕がストレートに遅れていると感じたのだろう。ストレートを僕が打ち返してやろうと意識しているのを察知して、空振りする確率が高いカーブを投じてきた。今度はカーブを意識すると、ストレートに詰まる。その繰り返しで、緩急と巧みな駆け引きに全員、打ち取られてしまった。

かろうじて僕はヒットを一本打つことができたが、詰まった当たりだった。とにかく和田は、打者の手元でボールがよく伸びてきた。カーブのキレ味も良かったから、直球もより速く見えた。それまでは「来た球を打つ」という感覚で野球をやってきたが、甲子園で全国のレベルの高さを感じた瞬間でもあった。浜田はチームワークのいいチームだった。驚いたのは内野手がマウンドに来て、ピッチャーが着地する足元を掘っていた。何をしているんだろうと思ったら、投手に少しでも体力を使わせないようにという思いやりだった。

和田はその後、早稲田大学に進学。2002年のドラフトでソフトバンクに自由獲得枠で入団。「やっぱりそうだよな」と思ったものだ。僕はプロ野球の現役を引退するまで数多くの投手の球を受けてきたが、和田のようにホームベース付近で球が伸びる投手はそういなかった。巨人に入ってバッテリーを組ませてもらった上原浩治さんの球がまさにそうだったが、それを考えると、とんでもない〝怪物〟と甲子園で対戦したんだなと光栄に思う。

あいつにできて、俺にできないはずがない

甲子園は一試合だけスタンドでも観戦した。沖縄水産の新垣渚が、150キロを超えるストレートをマークしていた。新潟の決勝でこんな投手と当たっていたら、勝てなかっただろう。松坂、和田、新垣……僕は上の世界（プロ）で勝負しようと決めていたから、彼らの存在はいい刺激になった。打者も熊本・九州学院の吉本亮（ソフトバンク三軍打撃コーチ）などパワーヒッターがいたが、捕手を含めた野手というカテゴリーでは、投手ほど実力差はないと感じた。だから、このとき僕個人としては、「松坂世代」の選手たちと対等以上に勝負できるのではないかと思っていた。

A
SHIBATA
沖水
沖水
沖縄
5

甲子園が終わったあと、プロに行きたいという希望を両親と監督に伝え、それぞれと相談した。僕は、もし大学に行って怪我をして、プロへの道が絶たれることを思うと、行けるときにプロに行きたいという考えだった。両親は、息子の意思を尊重して、プロ行きでもいいと言ってくれていたが、本人たちが中卒で苦労していたため、本音では大学進学を望んでいた。

松田監督も僕の意思を尊重してくれた。監督にとって初のプロ野球選手の教え子となるため、3年間そのために僕を育て、一緒になってスカウトにアピールしてくれていた。僕もプロで活躍し、監督の価値を高めてあげたいという気持ちだった。だからこそプロで18年間、監督の期待を裏切れないという思いで、つらいときも頑張ってこられた。レギュラーを獲ることができず、監督のイメージとは違ったかもしれない。だが、僕が長く続けられた理由は、高校時代に松田忍監督に指導していただいたからこそだと思っている。

ドラフトが近づくにつれ、僕は自分の夢であるプロ野球選手になれる、それも憧れの巨人に入れるのではないか、とそわそわしていた。担当スカウトは、現役時代に巨人で捕手として活躍された吉田孝司さんだった。ドラフト会議直前まで、吉田スカウトは遠く新潟まで視察に来てくれた。ドラフト前日には、新聞報道で「新潟のゴジラ」と見出しが踊っていたので、もしかしたら「ゴジラ」のニックネームの松井秀喜さんと同じ巨人に行けるのかな、巨人ではなくても本当に幼い頃からの夢だったプロ野球の世界に行けるのかな、とワクワクしていた。のちに同僚になる鈴木尚広さん（元巨人）からは入寮後、

「まだゴジラは孵化《ふか》してないな」

と、よくいじられたりしたが……。

指名は授業中だった。「加藤君、校長室まで」と校内放送が流れた。緊張のまま部屋に入ると、松田監督と高校の校長から報告を受けた。最初は冗談で、巨人以外の球団に指名されたと言われた。戸惑いの表情を浮かべていると、ジャイアンツからの指名だと言われた。その瞬間、本当に心からうれしかったことを、今でも昨日のことのように思い出す。

僕は中学まで学校の軟式野球部。本格的な硬式野球は高校からだったし、本格的に野球を教えてもらったのも高校からだった。高校ではチームで一番、技術が高かったかもしれないが、全国には自分よりも上がまだまだいる、という

自分なりに謙虚な姿勢を心がけていた。自分より上手い人がいたら素直に認める。でも心の奥底では、

「あいつにできて、俺にできないはずがない」

そう考えて、いつも取り組んでいたのがいい方向に行ったんだと思う。指名を受けた日から、とにかく練習、練習の日々だった。

もうクビになるんじゃないか

年が明け、上京する日を迎えた。初めての寮生活だ。両親と一緒に上越新幹線に乗って東京へ向かった。野球道具などを両手に抱え、私鉄を乗り継いだ。寮の最寄り駅から迎えの車に乗った。到着して寮の広さ、プールや浴場、打撃練習場などの環境設備に驚いた。当時は鈴木さんや、レッドソックスなどでプレーされた岡島秀樹さんらがいたが、入寮当時は先輩の経歴などほとんど知ら

ない。同郷の先輩もいなかった。今日からここが家になるというのに落ち着かないし、共同生活が初めてだったので正直疲れた。どうやってコミュニケーションをとっていいのかすらわからなかったし、新潟の先輩もいない。僕は孤独だった。同期入団には上原浩治さん、二岡智宏さんがいたが、二人とも大卒選手。最初は積極的に話しかけられなかった。

入団1年目から20勝した上原さん、遊撃手のレギュラーを獲った二岡さん。今考えるとすごい人たちと入寮していた。一緒に食事もしたし、コンビニや外食にも出かけた。二人は田舎者の僕を見かねて可愛がってくれた。同期だが、人生の先輩たちと行動するのは、いつも勉強になった。

例えば、二岡さんと食事に出かけ、帰りが寮の門限付近になったときのことだ。寮に「門限ギリギリになります。高卒の選手も一緒にいます」と先に電話を入れてくれた。他にも食事の席で、目上の方の前に皿や箸がなければ、すぐに出す。今では当たり前のことなのだが、18歳まで実家暮らしだった僕にはわからないことだらけだった。でも、それは新鮮だったし、野球以外のことも毎日が勉強だった。大卒の選手と過ごすことで、僕は社会人として大事なことを少しずつ学んでいった。

1月に入ると新人合同自主トレがジャイアンツ球場で始まり、首脳陣や多くのマスコミが集まっていた。しかし、僕には不安があった。実は肩が痛かったのだ。無理をすれば投げられる程度だったので、張り切って力は自然に入った。だが、すぐに練習中に肩が抜けた感じになり、別メニュー調整となった。肩の強さが自慢でプロに入ったのに、全然投げられなくなってしまった。何しに巨人に来たのだろうと、僕を絶望感が襲った。

リハビリ生活が始まった。新人なのに、早い時間からトレーナー室に行き、治療を受ける日々は本当につらかった。周りを見渡せば、先輩たちだらけのトレーナー室には行きたくなかった。できるのはランニングとバッティング練習くらい。打撃も金属バットから木製バットに変わったため、打球が全然飛ばない。どうやったら打てるのかもわからない。ストレスはたまるばかりだ。入団してすぐに「もうクビになるんじゃないか」と思った。

弱気になって、地元の新潟にも連絡を入れた。同時期に東京に出てきていた高校の野球部の同級生にも連絡して、一緒にご飯を食べながら「東京はどこに行っても混んでるな」とか「新潟より雪はないけど東京は寒いな」とか、他愛もない話で気を紛らわしていた。

お前の配球で抑えられるか!!

リハビリを続けながら、2月に初めてのキャンプイン。一軍は長嶋茂雄監督(巨人終身名誉監督)、二軍は高田繁監督(DeNAゼネラルマネージャー)だった。宮崎キャンプでは、一軍の練習を見学する機会があった。一軍のブルペンでは斎藤雅樹さん(巨人投手コーチ)、桑田真澄さん(野球解説者)らが投げていた。いつもテレビで見ていた人たちが、目の前で投げている。僕の目は点になった。

当時は室内練習場がひとつしかなかったので、雨が降ったときは午前中が一軍、午後が二軍というような割り振りで練習していた。時間で入れ替わりのとき、一軍選手を間近で見て体の大きさに驚いた。テレビで見るとそんなに大きくないと感じていたが、近くで見たら圧倒された。捕手は村田真一さん（巨人ヘッドコーチ）、控えで出てくる村田善則さん（巨人スコアラー）。内野手には江藤智さん（元巨人）、二岡さん、仁志敏久さん（野球解説者）、川相昌弘さん（巨人二軍監督）、元木大介さん（野球解説者）。外野手は松井秀喜さん、清水隆行さん（元巨人）、高橋由伸さん（巨人監督）。すごいメンバーだった。テレビで見ていた人たちばかりだった。

まずは二軍でレギュラーを獲らないといけない。そうはいっても、二軍にも吉原孝介さん（巨人三軍コーチ）、小田幸平さん（元中日）、原俊介さん（東海大翔洋監督）らたくさんの捕手がいた。投手は一、二軍合わせると40人ほどいる。全員の球種や特徴を頭に入れる必要がある。それに、投手一人ひとりでサインも違えば、サインの出し方も違う。何から進めていけばいいのかすら瞬的にわからない。こんなところで戦っていかなくてはいけないのか。とんでもないところに入ってしまった。そんな不安な思いが全身を駆けめぐった。

肩の怪我はキャンプ終盤には癒えて、ようやく野球選手としてのスタートを切ることができた。紅白戦にも出場させてもらえた。当時の二軍投手陣は河原純一さん（元巨人）、西山一宇さん（巨人スコアラー）、平松一宏さん（元巨人）、柏田貴史さん（巨人スカウト）、入来祐作さん（ソフトバンクコーチ）ら錚々たるメンバーだった。

ある先輩からは「お前の配球で抑えられるか!!」と厳しく言われたこともあった。そこで先輩との距離が広がってしまいがちだが、僕は先輩の部屋のドアをノックして、話をしに行った。紅白戦で僕だって結果を残したい。試合が始まってから話をしていても遅い。何事も「始まり」が大切だし、試合開始前から僕の戦いは始まっている。事前に先輩投手と話ができていれば、サインを出して打たれたとしても次につながっていくと思うし、その反省を次に生かせると思う。それに、お互い少しは納得する部分も出てくる。僕は、投手と会話することをずっと心がけていた。

コーチにも怒られ続けていた。例えば、内野の守備隊形のサインを出したあとに、内野陣に背を向けてポジションに帰ることを指摘された。きちんと野手の顔を見て、みんなが理解しているかどうかを見渡してから、戻らないといけなかった。

ホームベースを踏んで戻ったことも叱られた。審判がそのたびにベース上の土を払っていた。今ではベースの前に立ってサインを出しても、内野陣のほうを向いたまま、自然にそのままベースを踏まずにポジションに戻ることができる。その当時の僕は、そういう細かい心配りが欠けていた。最初は怒られるたびに「別にいいじゃん」とひねくれていたけど、捕手をやる上で大事なことを少しずつ覚えていった。

気持ちをぶつけて一日を終わろう

1年目のイースタンリーグが開幕。最初は怪我をしてばかりだったので、なかなかスタメン出場はなかった。試合で1イニングを守れるかどうかという感じだった。少ないチャンスの中、出場した試合で三球三振なんかに終われば、また一週間次の打席に立てないときもあった。選手が多かったので、そんな状況に僕は置かれていた。

試合に出なくては話にならない。首脳陣の目に留まるよう打撃で右打ちを徹底してみたり、いろいろと工夫したりしながら、いつ来るかわからないチャンスの瞬間まで練習の日々が続く。

試合に出ないときは、バット引きをしながら近くで先輩の打席や捕手の動きを見て、自分なりに考えながら観察していた。だが、どうせ試合に出られないのなら個人練習をしたいという思いで、早く試合が終了するのを待っている自分もいた。どこかでふて腐れていたのかもしれない。

試合に出られない焦りは当然出てくる。練習ができるようになっても、焦りは一向に解消されなかった。ストレスもたまった。プロに入ってからは、毎日こなさなくてはいけないことが多すぎて、頭が混乱することもあった。

高校野球では、年上といっても2歳上の先輩としか過ごすことはない。だけどプロ野球の世界は、18歳から40歳、それ以上の年齢の選手もいる。20歳以上も上の方とコミュニケーションをとるのは大変だった。

TOKYO
56

技術も思うように成長しないことに苛立っていたし、何より現実はそう甘くはなかった。ボールのキレ、変化球の精度、プロのスピードに全くついていけない。打席では、二軍投手のスピードや変化球についていくのも必死だった。捕手として球を受けることにも苦労した。プロが投げるようなフォークボールなんて捕ったこともなかったので、何度も後ろに逸らした。

テレビで「この人、三振多いな」と思っていた選手のフリー打撃を実際に見たら、すごいスイングをしていて、とんでもないボールの飛距離だった。正直、二軍には知らない選手も多かったが、そんな知らない選手でも驚くような打球を飛ばしていた。自分は何をやっていけばいいのかもわからなくなった。自信をなくすとまではいかないが、今の練習をただ何時間もやれば一軍に行けるとは思えなかったし、どこから手をつけて、どう攻めていけばいいのかも頭に浮かんでこない。不安が僕の心を締めつけた。

そんなある日、初スタメンのチャンスがやってきた。スタメン出場予定だった柳沢裕一さんが練習中に怪我をしたため、急遽、僕に出番がまわってきたのだ。だが、恥ずかしい話ではあるが、無我夢中すぎて何が起きていたのかも全く覚えていない。ただ、突如こういう形で自分に出場機会が訪れることもあるので、いつでも試合に出られる準備は怠ってはいけないんだ、ということだけは強く感じた。そして、それは試合だけではなく、どんなときでも心と体の準備が大切なんだとも思った。出番は突然に。チャンスはいつ来るかわからない。僕のこれからの野球人生を暗示するかのような一試合だった。

少しずつではあるが、生活にリズムが生まれ、不安要素もひとつずつ解消されていった。寮には旗揚げや電話当番など、生活のルールがいくつもあった。食堂では同世代が集まるので、コミュニケーションが徐々にとれるようになってきた。そうなると、だんだん周りも見えるようになってくる。

寮の地下にはバッティング練習ができる場所があったから、試合で打てなかったときは悔しくて、ほんの10スイングでもいいから、とにかく毎日バットを振って就寝しようと決めた。「気持ちをぶつけて一日を終わろう」と思い、これをルーティンとした。悔しさ、焦りを素振りで解消していた。

自分の居場所は、自分で見つけないといけない。何もしなかったら自分の居場所はないし、仕事もない。自らどんどん率先して切り拓いていかないと、プロでは戦えない。だから大切なのは、いつも考えること。考えなければ、いろんな発想も出てこないし、想像力も生まれないからだ。

ありがとう、カトちゃん

プロは入れ替わりの激しい世界だ。1年目の1999年のシーズン中に、年長の柳沢さんや吉原さんがトレードで中日、オリックスにそれぞれ移籍。2年目は、4歳年上の小田さんがファームで先発マスクをかぶる機会が多くなり、一軍に上がることもあった。

入団した当初は2、3年後には、自分にも一軍へ行くチャンスが来るのかなと思ったこともあったが、トレードや自由契約などの人事を見て、それは甘い考えだと気づいた。出番を待っていたら、どんどん外から捕手が来る。自分で居場所を掴み取らなければならなかった。そこで、まず第一歩目の目標として、

一、二軍を行ったり来たりするレベルの選手になろうと思った。このシーズンでいえば小田さんのような存在になろうと決めた。

何をすればいいのか困っていた1年目から、2年目は明確な目標を立てることができるようになった。レギュラーを獲りたいのはもちろんだが、一日でその力がつくわけではない。レギュラーだけを追いかけていてはいけないのではないか。目標の選手の技術はどれくらいなのかを自分なりに相手を分析して、どういう配球をしているのか、打撃力はどれくらいなのかとイメージする。そして数か月後には近づけるようにと、ある程度、先を見て目標設定しようと思うようになった。

それが自分の気持ちを楽にした。小田さんが僕の4つ上だから、4年後には最低でも小田さんのレベルに到達しよう。それが3年後、あるいは1年後であれば、一軍のチャンスも高まってくるのではないかと考えた。試合に出場して「失敗したら、もう後がない」という考えよりも、この失敗を反省して次にどう生かすかというのが大切。次の試合にも出られたら、今度はこういうことを試してみようという前向きな思考に変わった。目標設定の大事さを感じた。

そんなこの年の夏。巨人の本拠地・東京ドームで行われたオールスターゲームに、ブルペン捕手として手伝いに行った。そこで、同学年の松坂大輔と再会した。松坂とは甲子園で記念撮影をして以降、なかなか対面する機会がなかった。

松坂は高卒デビューから2年連続のオールスター投手だ。力の差は歴然だった。投げるボールも素晴らしかった。スライダーのキレ味もあった。今までの自分なら「すごいな」だけで終わっていたかもしれない。だがこのとき、自分もこういう球を打たないと一軍には行けないんだろうなと思った。超一流の球種、速さを体験でき、いい勉強になった。捕手はボールを受けながら、打撃のイメージもできる。想像力ひとつで打つほうにも生かせるポジションだ。

松坂から最後に、

「ありがとう、カトちゃん」

と言われたときは、ちょっとうれしかった。

とにかく、ペタジーニだけには打たれるな!!

2000年は二軍のレギュラーではなかったが、試合に出場する機会も増えてきた。一軍は長嶋巨人と王貞治監督のホークスがリーグ優勝。世間はミレニアムV、日本シリーズON対決と盛り上がった年だ。二軍もリーグ優勝を果たした。遠征先で優勝を決め、未成年だった僕はジュースで乾杯した。しかし、二軍優勝の実感はあったが、特に優勝に貢献したという思いはなかった。

だから、ビックリした。一軍が優勝した翌日、つまり消化試合で僕は初めて一軍に呼ばれたのだ。急遽年下の條辺剛（元巨人）らとともに一軍の試合に行く準備を進めた。

9月27日。初めての一軍での試合は、神宮球場でのヤクルト戦だった。僕は、寮から神宮球場のクラブハウスへと向かった。到着して一軍のスタッフ全員に挨拶をする。ロッカールームの椅子に座り、準備をする。一軍の先輩が到着したら、それぞれに挨拶をする。その繰り返しだった。

一軍と二軍では捕手の出すサインが違うし、サインの出し方も一人ひとり違う。すべて一から覚えないといけなかった。どの投手とバッテリーを組むかもわからない。全員の球種も覚えないといけない。試合開始までには練習もあるし、ミーティングもある。打撃時のサインも、守備時のベンチからのサインも覚えないといけない。そんな中で先輩投手たちに話も聞かないといけない……どうしよう、と慌てている中、松井秀喜さんや高橋由伸さん、清水隆行さんという一流の面々がクラブハウスに到着。また挨拶に行く。

石川県出身の松井さんからは「おー北信越（出身）頑張れよ」と声を掛けられてとてもうれしかったが、時間はどんどん過ぎていく。グラウンドで練習が始まる頃にはスタンドは開放され、お客さんもどんどん入ってくる。二軍とは比べものにならないファンの数だ。緊張感が高まり、まだ試合前だというのに僕の緊張感はすでにMAXだった。

ベンチに入ると、自分がすごいふわふわしていて、浮いている感じがするのがわかった。これが一軍か……。6回裏、僕は村田善さんに代わり、途中出場でついに一軍デビューを果たした。先発のマウンドに立っていたのは高橋尚成さん（元巨人）。尚成さんにはその後、プライベートでも大変お世話になったのだが、このとき僕が何の球種を要求したのか、本当に覚えていない。頭が真っ白だった。

完投した尚成さんは6回以降、無失点で切り抜けた。僕のリードではなく、高い投球術でヤクルト打線を抑えてくれた。そして2日後の試合では、僕はスタメンで條辺とバッテリーを組んだ。投手コーチからは「とにかく、ペタジーニだけには打たれるな!!」と強く言われた。相手の助っ人外国人は37本塁打。42本の松井さんと本塁打王のタイトルを争っていた。巨人が残り2試合に対し、ヤクルトは13試合と多かったのだ。

第1打席は四球。迎えた第2打席。條辺に内角直球を要求した。見逃したと思ったら、スーッとバットが出てきた。すごいスイングスピードで打ち返された。大きな当たりは右中間へ。フェンス直撃の二塁打だった。ヒットを打たれたら普通は悔しがらなくてはいけないが、僕らバッテリーは「ホームラン打たれなくてよかったな」と、今でも会うたびに必ずこの話題が出てくる。

ファームにいる間、先輩捕手が言っていたことがあった。

「いかに一軍の試合のホームベースで、冷静に勝負できるかなんだよな」

そのときはどういう意味かわからなかったが、一軍に行ったらよくわかった。初めて一軍の試合に出て、僕は投手の配球だけではなく、ミーティングのときに何を言われたのかもはっきり覚えていなかった。挨拶、練習などで慌ただしい約1時間という限られた時間内に、サインのことやピッチャーのこと、すべてを頭の中に叩き込まなければならない。初めてのことで、あっという間に時間は過ぎた。

二軍でも試合前にやるべきことはあるが、一軍は二軍とは比べ物にならないほど、たくさんの準備が必要なんだと痛感した3日間だった。出場した試合は一瞬で終わってしまった。先輩たちが以前、話していたことに「なるほどな」と思った。次に一軍に来るときは、消化試合ではない試合に出してもらえるよう力をつけないといけない。それに、球団が僕を育てようと思ってくれているから、この消化試合に呼んでもらえたはずだ。期待に応えないといけない。もっと余裕を持ち、誰からも認めてもらえる結果を残して、一軍に呼ばれるよう努力するぞ。そんな思いでシーズンオフに入った。

どこかで僕は、球団の考える育成の強化指定選手になっている、いわゆる〝レール〟の上に乗っているのかなと思っていた。3年目はもっとチャンスをもらえるだろうから、責任を持たないといけない。それに、そのチャンスを必ず自分のものにするために、オフのトレーニングを頑張るぞと、すごくモチベーションも上がっていた。

だが、その年のドラフト会議が僕の野球人生を大きく変えた。のちに球界を代表する捕手となる阿部慎之助さんが逆指名、ドラフト1位で巨人に入団してきたのだ。

第2章
商品

阿部さんと競争して勝つんだ

2000年11月。当時のドラフトは逆指名制度があった。メディアは連日、各球団のドラフト1位に該当する選手を報じていた。東都大学リーグ・中央大学の四番で主将だった阿部慎之助さんが巨人を逆指名。ドラフト会議前に入団がほぼ決まった。スポーツ新聞には「待望の強打の捕手、誕生」「開幕スタメン」などの見出しが躍った。

入団前の時点でレギュラーを任せられるほどの選手が巨人に、しかも同じ捕手で入ってくる。年齢は2歳差。3年目を迎える僕は、「あれ?」「なんで獲ったんだろう?」というのが当時の率直な感想だった。しかし、阿部さんのプレーを間近で見たことはなかったので、どれほどの選手なのかは自分の頭で想像することしかできなかった。

ただ、僕もすでに阿部さんより2年先にプロに入ってきていて、一軍出場も経験させてもらっていた。

「阿部さんと競争して勝つんだ」

「俺がレギュラーを獲るんだ」

という気持ちでいた。昨シーズンは消化試合とはいえ、一軍にも呼んでもらえたし、球団も僕に期待をかけてくれているのかなと感じていた。だから、今年のキャンプは一軍に呼ばれるのではないかと準備もしていた。

だが、現実は違った。僕は2001年、キャンプどころか、シーズンで一度も一軍に上がることはなかった。このシーズンを最後に、ずっとレギュラーだった村田真一さんが引退することになるのだが、阿部さんの存在は日々、巨人軍の中で大きなものになっていくのを間近で感じていた。ここからは今までとはレベルの違う、プロの厳しさを知ることになる。

俺が勝つんだ――。

僕のその強い気持ちは、阿部さんの打撃練習を初めて見た日から、少しずつ変化していった。阿部さんのバッティングは飛ばす力、対応力、柔らかさ、すべてが本当にすごいと思った。

二学年差といっても、大学生くらいの年齢ならば、そんなに差は出ないものだ。仮に自分が大学2年生だったら、阿部さんは4年生。高校1年生と3年生の二学年差は大きいが、もしも差があったとしても、そこまで大きな差ではないだろうし、チャンスはある。そう最初の頃は思っていた。

それに、肩の強さには僕も自信があったから、そこまでの差はないはずだと思っていたが、阿部さんのプレーを見て、捕手としての技術の差も大きいと感じた。阿部さんは守備も巧みだった。盗塁を刺す際、投手のボールが外角に大きく逸れたときでも、捕球から送球までがスムーズなのだ。

二塁送球時に、捕手は自分の顔の付近に来た球なら捕りやすいし投げやすい。だから強い球を投げることもできる。だが、阿部さんは捕球しにくい球であっても、スムーズに二塁へ送球していた。対応力の高さを感じた瞬間だった。

阿部さんの対応力と柔らかさは、打撃だけではなく守備にもあったのだ。捕手として、打撃も守備もすべてにおいてレベルが高かった。

バッティングする上で「柔らかい」「対応力がある」というのはどういうこ

とか。阿部さんは、ボールを芯で捉える確率が高いのはもちろん、打撃フォームが崩れたな、ボールへの対応が遅れたなという風に見えても、うまく反対方向に強い打球を打ち返していた。この2年間プロの打者を見てきたので、凡打や空振りになってしまうタイミングだなというのは僕にもわかる。だが、そういう場面でも、阿部さんはボールにバットを当てる技術もあるし、その球を強く打ち返すこともできる。

仮に打者がインコースを待っていたとする。そこに真逆のアウトコースにボールが来たら、打者は打たなくてもいい。しかし、2ストライクと追い込まれていたら、三振になるので見逃すことはできない。そんなとき、阿部さんはタイミングをずらされ、打撃フォームが泳がされたように見えても、強く鋭く打ち返すのだ。

大きな好不調の波もなかった。ということは、修正能力も高いということだ。打撃には、普通どこかで脆さや弱点があったりするものだ。だが、阿部さんを見て、どこに弱点があるのか正直わからなかった。

阿部さんは、入団1年目の二岡さんに僕が抱いた印象に近かった。キャンプで二岡さんの打撃練習を見ていたら、そのスイングスピードの速さや、どのコースに来ても打ち返す対応力、そして柔軟性の高い打撃をしていて本当に驚いたし、衝撃を受けた。また、二岡さんは誰が見ても体がきつそうな練習メニューでも、顔色ひとつ変えずに取り組む姿勢もあった。

その二岡さんも1年目から打率2割8分9厘、18本塁打を記録。ショートのレギュラーを名手・川相昌弘さんから奪うほどの活躍だった。それくらいの成績を残せる選手が入ってきたんだと直感的にわかった。敷かれた〝レール〟に乗りかけたと自分で勝手に思っていたが、現実はそう甘くはなかった。阿部さんという大きな壁を、僕はどうやって越えればいいのか、そのときは想像もつかなかったし、大きな崖っぷちに立たされているようにも感じた。

何事もタイミングが大切なんだ

2001年はファームの球宴・フレッシュオールスターには選出されたが、二軍暮らしが続いた。若かった自分の頭の中では、常に崖っぷちにいると感じていた。今、自分のやっている練習や取り組み方は、本当にいい方向に進んでいるのか。もしかしたら間違っているのではないか。不安になることもあった。自暴自棄になる気持ちや迷いも生まれてきた。そんなときこのシーズン、ダイエーからチームに加入したベテラン捕手・吉永幸一郎さんの何気ない一言が、僕のモチベーションにもなったし支えにもなった。

ダイエー時代にレギュラー捕手として活躍し、通算153本塁打を放った左の強打者だった吉永さんは、巨人に加入してから一軍、二軍を行き来していた。これは僕が直接、言われたわけではないのだが、年の近かった後輩が吉永さんとの会話の中で、僕のことを「いい選手だな」と言ってくれていたと聞いた。

それが何を指していたのかはわからない。ただ、僕が取り組んでいることは間違いじゃなかったのかなと思えたし、その言葉に本当に救われた。もし、後輩が僕にその吉永さんの言葉を伝えてくれていなかったら、僕は違う取り組み方に変えていたかもしれない。吉永さんの一言が僕のモチベーションとなり、その後の野球人生において、何事もタイミングが大切なんだと勉強にもなった。

誰かが困っていそうだな、一人で悩んでいそうだなと感じたら、自分の今までの経験をベースにして、良い方向に導く言葉を掛けてあげられる人間になりたいと思った。だが、声を掛けられた選手は、僕の言葉でもっと悩むことになるかもしれない。だから、しっかり人間観察をして、声を掛けるタイミングは本当に大事にしなければならないとも思った。

僕は引退するまで、一軍、二軍を行き来することの多い選手だった。若い投手のボールをファームの試合で受けることもあるし、ロッカールームや練習場で一緒になることもある。ましてや、同じように何もわからぬまま、高卒で田舎から上京してきた選手もいる。みんなそれぞれ一年一年、一日一日、置かれている状況や周囲からの期待も変わってくる。成長しなければクビだ。

だから、これでいいんだと自分で決めつけたり、向上心がないと周囲から思われたりすれば、自分の居場所は必然的になくなっていく。そういう世界に僕たちはいるのだ。

2001年オフには長年、正捕手を務めてきた村田真一さんが引退し、長嶋茂雄監督も勇退された。原辰徳新監督が新しいチーム作りに着手し、本格的に阿部さん中心で捕手がまわりはじめた。２００２年の開幕メンバー捕手は阿部さん、村田善さんと吉永さん。他にも清原和博さん、江藤智さん、工藤公康さん（ソフトバンク監督）らＦＡで加入した豪華なメンバーがズラリと並んだ。

そんな分厚い選手層の中、僕は一度だけ一軍に呼ばれた。札幌ドームでの広島戦、阿部さんが本塁のクロスプレーで左足を負傷してしまった。全治三週間の怪我だった。急遽、小田さんと僕がファームから昇格し、チームに合流した。何もわからずに終わった2年前のヤクルト戦以来の一軍だった。

6月24日。その日は到着も遅く、一人でルームサービスを食べた。

2年ぶりに出場した同28日のヤクルト戦は、代打で出場だった。やはり、緊張が全身を駆けめぐり、バントを失敗するミスを犯した。7月7日の阪神戦では小田さんが先発マスクで、僕が8回から出場した。試合中にブルペンで一軍投手のボールをできるだけ受けて特徴を頭に入れ、自分なりに分析してから試合に入った。当時、中継ぎとして活躍されていた左腕・前田幸長さんとバッテリーを組んで、2回を何とか無失点で切り抜けた。

僕は、阿部さんが復帰する7月16日まで一軍を経験させてもらった。ようやく一軍で、前回より少しは冷静に、リードすることができたのではないかと手応えを感じた。だが、チームが〝加藤健〟という商品をどう判断しているのかは、自分では想像したり予想したりすることしかできない。選ぶのは僕ではないのだ。

現段階で一軍に呼ばれるとしたら、阿部さんの〝穴埋め〟という形が予想できた。降格し、事実上の4番手捕手だった僕が一軍で活躍するためには、その小さな糸口から突破口を見出していかないといけない。そこから3番手、そして2番手になっていかなければ、巨人軍で捕手として生き残れる確率は低い。一年後、二年後に阿部さんと勝負できるようになるためには、自分がどう進んでいくのか、どうしたらいいのかを僕はいつも考えていた。

レギュラーという目標、言葉を頭のど真ん中から少し横にずらして、一歩ずつ一歩ずつ登っていこうと思った。まずは、その小さな糸口から入っていくために。

戦力外通告をされるかもしれない

２００2年からは長いトンネルに入ることとなった。まるで、暗闇の中を歩いているようだった。２００３年から２００５年までの３年間、僕は一度も一軍の試合に出ることはなかった。吉永さんの言葉で頑張れるのにも限界があった。毎日、目一杯練習をしても、自分が進歩しているのか、野球が上手くなっているのか、チームから必要とされているのか、と不安な日々を過ごしていた。実際どうすればいいのだろう、といつも頭では考えていたが、答えが見つからない日々が続いた。

一軍出場が２００３年以降、３年間ゼロだったと記したが、実は一度だけ一軍に昇格している。堀内恒夫監督（解説者）が指揮を執っていた２００５年。東京ドームで行われた５月20日からの日本ハムとの交流戦３試合で、僕は村田善さんに代わって昇格した。ようやく巡ってきたチャンス。結果を残してやると意気込んでいたが、ベンチを温めるだけで出場せず再び二軍落ち。5月20日に登録されて、5月23日に抹消。3日間しか一軍にいなかった。出場機会もなく、本当に悔しかった。僕は一体、ここへ何しに来たのだろうと、東京ドームから自宅への帰り道でずっと考えていた。当時は、まだ25歳と若かった。

だが、久しぶりに一軍の雰囲気を知ることができたし、一軍の投手の球をブルペンで受けて、2年目のときよりコミュニケーションもとれるようになっていた。ベンチ裏やロッカーの空気も久しぶりに味わえた。また、次に一軍に呼ばれたときにはすんなりと試合に入っていけるだろうし、次こそは必ず試合に出場するぞ。チャンスがあったら、その「始まり」に懸けるぞ。この3日間を無駄にはしないぞ、と頭を切り替えて、悔しさを沈めようと必死に自分に話しかけていた。

ただ、やはりどこか引っかかっていた。それはおそらく、相手の日本ハムの捕手が、同い年の実松一成だったからだろう。3連戦すべてでマスクをかぶっていた実松のプレーを、僕はずっとベンチから見ていた。佐賀学園からドラフト1位で日本ハム入りした「松坂世代」の同級生。僕のほうは、一軍登録はされたものの3日間で二軍落ち。もしかして、今年こそクビになるのかもしれないとも思った。

2試合だけの一軍出場に終わった2002年くらいから毎年、僕は戦力外通告をされるかもしれないと思っていた。在籍期間が長くなれば、おそらくあの選手はクビになるんだろうな……なんてこともわかってくる。シーズン中に戦力外を言われたんだろうな、と態度を見てわかる選手もいた。それが、今年はもしかしたら僕かもしれない、という不安が毎年よぎった。

できる限りのことをやろう

ふと、お世話になった方たちの顔も浮かんだ。寮の風呂に入っていろいろ考えていたときに、新発田農業の松田監督のことも思い出していた。

巨人は注目を浴びる球団だ。例えば、キャンプや普段の練習で、コーチではない方から、いきなり指導を受けることもある。全く僕に合っていない打ち方や投げ方を教えられて、その助言を取り入れなかったとしたら、加藤は自分の言うことを全然聞かない、などと不本意なことを言われる可能性もある。

ましてや、僕は結果を残している選手ではないから心に余裕もなく、普段から見ているわけではない人から何かを言われても、どうしても話の内容が心に入ってこない。大好きな野球を仕事にできているのに、野球とは違うことで神経を使って疲れることもあった。

まだ若かった僕は、おそらく態度にも出ていたんじゃないかと思う。そんなことを繰り返す中、あるとき、高校の松田監督と同じことを言ってきた人がいた。

「あれ？　この人、監督と一緒だな」

と思った瞬間、自分の中で何かが弾けた。今までいろいろな方と話をする機会があったが、本音の部分では、話を聞く前から聞く気がないようなときもあった。でも、もしかしたら、何か自分にとってプラスになる話を聞かせてもらえるかもしれない。いつ、どこで、自分を成長させてくれるヒントを発見できるかわからない。

そう思えるようになった瞬間から、先輩に限らず後輩や他の人の話には耳を傾けられるようになったし、考え方ひとつで、こんなにも気持ちが楽になるんだということに気づいた。そういうことを重ねるにつれて、より人の話が聞けるようになったし、野球にも集中できるようになった。

これは、私生活でも生かされた。例えば、車の運転。背後からすごい勢いで車が来て、あおられても「相手は急いでいるのかな」と思うようになった。レストランでいきなり走ってきた人が僕にぶつかってきて、何も言わずに通り過ぎていった。そのときは「何だよ」と怒りを覚えたが、その相手がトイレに駆け込んでいった。

そういうことが続いて、相手の気持ちを考えられるようになっていった。自己中心的な発想ではなく、周りが見えているか、相手が何を欲しているかなど、広い目で周囲を見えるようになった。そんな風に思えるようになったことでストレスも減り、野球に集中できるようになり、少しずつ良い方向に進みはじめたような気がしていた。

松田監督の言葉を思い出したことから始まり、高校3年生でワクワクしながら巨人のユニフォームに袖を通して、プロの世界に入ってきたときのことを思い出した。当時は故郷のみんなが本当に喜んでくれた。一軍に呼ばれず、二軍生活が長くても、自分のことを親身になって考えてくれるコーチや先輩がいて、報道陣の方もいつも声を掛けてくれた。球団のトレーナーの方も、こんなレギュラーを獲ったこともない自分をケアしてくれた。

試合が終わったあと、寮のおばちゃんは優しく出迎えてくれた。寮長や寮母さんが親代わりのような存在で、実家に帰ってきたようなリラックスできる空間も作ってくれた。寮の食事では、納豆にネギをたっぷり入れてもらったり、ベーコンを食べたい数だけ注文させてくれたり、夕食後も夜食や白米はいつでも自由に食べられるようにしてくれたり、まるで実の親に言っているようなことも許してくれた。

二軍でも頑張ったら頑張った分、みんなが喜んでくれた。やるのは自分自身だが、僕は一人ではない。周りの支えがあったからこそ、今の自分がある。戦力外の危機に直面していたとしても、普通の一般社会に転勤があるように、もしかしたら他球団から評価されることもあるかもしれない。誰が見ているかわからない。だから、できる限りのことをやろうと決めた。

信用を失うのは一瞬

一時は、今日という一日を精一杯やれたのだろうか、もっとやれることはなかったのだろうかと自問自答を繰り返していた。だが、試合も完璧、寝るまで完璧なんていう一日は確率的に低いと思えるようになった。眠る前に、今度はもう少し配球を変えて攻めてみようとか、こういうアプローチで打撃に取り組んでみようとか、未来を考えて一日一日を積み重ねていくほうが大事なんじゃないかとか、先を見て腐らずにやっていこうと思うようになった。

腐るのなんて簡単だ。でも一度腐ってしまったら、元に戻すのは難しい。信用を失うのは一瞬。失った信用を取り戻すのは至難の業だ。そういう人を実際にたくさん見てきたし、そういう人がベンチに座り、チームの空気を悪くするのはいいことには思えなかった。若い選手からすると、先輩が腐っているかどうかなんて見ればすぐわかるし、やりづらい。僕はそういう風にはなりたくないと自分なりに反面教師にしていた。

クビに怯えるのではなく、日々成長するために学んだ。いろんな人と出会って学びを繰り返しながら、その結果、着るものがユニフォームからスーツになってもいいじゃないか。ユニフォームを着た瞬間から、いつかはユニフォームを脱がなきゃいけないときが必ずやってくる。これは、社会にも定年があるのと一緒だ。でも、ユニフォームを着て学び、努力したことは必ず今後に生かされると思いながら、僕は前向きな気持ちになっていった。

年々、二軍では成績が残せるようになってきた。ただ数字が良くても、一軍に呼ばれるとは限らない。首脳陣が必要としているタイプと合致しなければ、昇格は難しいという現実があった。4年目、5年目となれば、同い年の大卒選手や年下の社会人、大卒選手など〝新しい商品〟も入ってくる。僕の成績が良くても、一軍に上がるのは僕ではなく若い選手のときもあった。当時は疑問に思ったり、自暴自棄になったりすることもあったが、少しずつ考え方の変化で、自分の置かれた現実を受け止められるようになってきた。評価するのは僕ではなく第三者なのだ。

二軍ではレギュラーで成績も良い。それで一軍に呼ばれるが、結果を残せず再び二軍に戻る。あるいは逆に、二軍ではそこまで成績は良くなくても、一軍に呼ばれて一瞬のチャンスを摑み、一軍に定着していった選手もいる。一軍で打席数が少なかった、登板数が少なかったというのは、僕は言い訳だと思っている。多くても少なくても、チャンスはチャンスなのだ。何事も「はじめ」が大切なように、その一瞬のチャンスを自分のものにして、自分の居場所を作っていかなければいけないのだ。

二軍でもある程度の成績を残せなければ、チャンスはどんどん減っていくだろう。他の選手が怪我をして、自分にチャンスがまわってこいと思ったこともあったし、もしものことがあれば、いつでも僕は行けるぞと準備もしていた。僕にとって、チャンスはピンチ。チャンスでダメならまた二軍落ち。二軍でダメなら大ピンチ。そこでダメならクビに近づいていくからだ。

〝使いやすい商品〟になる

第三者から見て〝使いやすい商品〟になることが、とにかく大事だと思っていた。阿部さんが怪我をしたら、どんな選手が必要になるのか。語弊があるかもしれないが、いつ一軍の捕手が怪我をしてもいいように、打撃と守備の調子を維持しながら、同時に技術の向上もさせなければならない。

〝商品〟に徹する以上、〝新商品〟の存在にはやはり敏感になる。

2005年にはドラフト6巡目で、強肩が売りの星孝典捕手（西武二軍育成コーチ）が東北学院大学から入ってきた。ファームの成績は僕のほうが良くても、星が一軍に上がることもあった。「なんでだろう」「またか」と自分への歯がゆさから、何度も唇を噛んだこともあった。ルーキーや若い二軍選手に負けているとは自分で思っていなかったからだが、周りはお前のほうが負けているよと思っていたかもしれない。選ぶのは第三者だ。僕は、二軍のグラウンドと自宅を往復する日々が続いた。

〝新商品〟が使われ、〝既存の商品〟はなかなか使われない。自分のプロ野球選手としての在り方を見直そう、と考えながら車に乗っていたときに、自然とある発想が生まれてきた。

「もしも、自分が企業やメーカーの社長だったらどうだろうか」

と立場を置き換えてみた。発売されたばかりの新商品が入荷したら見てみたい、使ってみたい、食べてみたいと思う。それは消費者も同じだ。世に出て5～6年経った商品は形も機能性も味も知っているし、すぐに大きく化けることは可能性として低い。売り上げも大体わかる。

若い捕手、新人捕手が入ってきたら、首脳陣はどう考えるだろう。経営者と同じように〝新商品〟を見るだろう。それがダメだったときや、使い物にならなかったときに〝元々あった商品〟である僕のような選手の出番があるのだ。その一瞬のチャンスで結果を残せば、〝加藤健〟という今までの商品の価値が上がるはずだ。そんな風に思えたとき、気持ちが前向きになった。

だから僕は、「使いやすい選手」「使いやすい捕手」になろうと決めた。チャンスが来たときに好結果を残せないと、首脳陣は〝商品〟を使いたくなくなる。そこで結果を残す。一度、好結果を残したら、次の日も試合という〝店頭〟に置いてもらえる。その次は一週間。スタメンで2連勝でもすれば、1か月は一軍にいられる。これを繰り返していけば、一軍登録期間は伸びていく。もちろん毎日が勝負だが、店頭に並ぶ一日目が、僕にとっては大事だった。

だからこそ、一軍に昇格したときの最初の一歩目、初打席、初マスクの試合の結果にはこだわった。勝っている試合、負けている試合、僕にはそんなものは関係ない。必ず爪痕を残してやろう。そうすれば、チャンスは広がる。僕が引退するまで、年下の捕手が何人も入団してきては一軍に昇格し、出場してきた。〝新商品〟はまずお試しで使われるんだという感覚を持ちはじめてから、僕は焦ることなく、自分を見失わずに、また出番が必ず来ると信じて、その一瞬のチャンスのための準備を怠らないようになった。

パパ、ピッチャーのボールを後ろに逸らすなよ

この05年頃から自分の在り方や気持ちの持ち方、考え方が安定し、やることもしっかりわかってきた。

気持ちの整理整頓ができたのは、子供の存在も大きかった。03年に結婚した妻・珠希との間に、05年9月11日に長女・愛莉が誕生した。こんな僕が親になった。グラウンドでの悔しい気持ちは、家の玄関の前でぐっとこらえて扉を開けた。家に帰れば、妻の負担を少しでも減らそうと育児を手伝った。そのおかげで、気持ちの切り替えもできるようになった。

子育てをしているうちに、新潟にいる父のことを思い出した。

「人の気持ちを考えろ」

「自分が人に言われたり、されたりして嫌なことを言うな、するな」

と何度も叱られた。正座して、げんこつをもらいながら、説教を聞いたこともあった。ふと、脳裏によみがえる父の言葉を、親になった自分も子供たちに言うようになるのだろうか……。

だが、父の言葉は今の自分にも響く言葉だった。なかなかチャンスは来ないが、首脳陣は僕のことをどう考えているのだろうか。もし、ここで僕が腐って怠慢プレーをしたら、周りにも悪影響が出てしまう。僕に二度とチャンスは来ないだろう。子供が大きくなったときに、まだプロ野球選手でいたい。その思いが僕を奮い立たせた。

5年後には長男・峻平も生まれ、二人の子宝に恵まれた。今では子供たちの言葉遣いや態度を叱るとき、「今の自分が言われたりされたりしたら、どんな気持ちになるかな?」と聞くと、子供から「むかつくと思う」と返ってくる。

「じゃあ、人に話すときや何かをするときは、自分が同じことを言われたりされたりしたらどう思うか、一瞬考えてみたら?」

と、気持ちを整理してから行動するように伝えている。僕が子供の頃、父に言われたのと同じ言葉だ。

ただ、人の気持ちを考えることと、伝えるタイミングも大切だ。伝えるだけなら誰でもできる。相手に伝えるタイミングというのは本当に難しいものだ。

子供は失敗して覚えていくことが多い。大人だって失敗はする。完璧な人なんていない。でも、野球でも社会でも子供の世界でも、絶対にしちゃいけない失敗はあると思う。必ずや信用をなくしてしまうような失敗だ。

子供のおかげで、自分も周りが見えるようになった。長女、長男が生まれた2005年、2010年と僕は苦境に立たされていた。でも、翌2006年と2011年には、一軍でチームの勝利に貢献できるチャンスを多く得て結果を残した。子供が生まれたことで考え方の幅が広がり、人間的にも成長できたんだと思う。この活躍の裏には、子供の存在があったことは疑いようがない。

いつも僕は家族には励まされ、刺激を受けてきた。小学校に上がる頃には、長女も自分の父親が野球選手であることが少しずつわかってきた。あまり多くを語らないが、学校に行くと野球の話になったり、巨人の勝ち負けが話題になったりするのではと、親としてはいろいろ想像した。子供は子供なりに気を遣ったり、ストレスを感じたりしていたんだとしたら、申し訳ないなと思う。

長男は野球に興味を持ちはじめた頃と比べると、現役終盤は僕に掛ける言葉が厳しくなっていった。昔は「パパ頑張ってね。今日はホームラン打ってね」と愛らしかったのだが、小学生になってからは「パパ、ピッチャーのボールを後ろに逸らすなよ」とか「三振はするなよ」とか、鋭いことを言うようになってきた。これには笑わせてもらった。でも、僕のことを気にかけてくれているのだからありがたい。子供たちはどんどん成長する。だから、親である僕も野球選手として、人として成長しなければならない。崖っぷちでも踏みとどまれたのは、家族の笑顔をたくさん見たいと思ったからだ。

グラウンドにはお金が落ちている

妻からは、冗談っぽくゲキを飛ばされることもあった。二軍にいるとデーゲームが多いため、家族揃って夕飯をとる。食事を終えると笑顔で、

「パパは今、〝中黒柱〟なんだから、夕飯の食器は片づけてね」

と言われて、食器洗いと片づけを手伝うこともあった。一軍にいるときは一家の大黒柱扱いをされる。そんなときは、

「俺は今日は一軍だから（片づけは）やらなくていいな」

などと言って、ビールを飲みはじめる。それが夫婦のコミュニケーションでもあった。

妻は学生時代、ソフトボールの選手だった。ショートを守る左打者だったようで、スコアブックも書けるし野球の知識もあった。僕がバントを失敗した試合の夜に帰宅すると、僕の顔色を見ながらタイミングを見計らって「バントしっかりね」と声を掛けてくることもあった。練習日のときには「ちゃんとチームプレーしてきた？」と言ってくることもあった。

だが、妻は空気を読んで接してくれたし、話しかけるタイミングも間違えなかった。先発マスクで負けたあと、僕が暗い表情で帰宅したときなどは、そっとしておいてくれた。三振などでヒットが出ず〝タコった〟ときには、ビールを飲んでいたら「明日はヒットだな」と言いながら、タコのカルパッチョをつ

まみでよく食卓に出してくれた。タコの先食いといって、タコ（ノーヒット）にならないよう先に食べてしまうという打者の験《げん》担ぎだ。タコのメニューは、バリエーションも豊富だった。細かな気遣いをして僕を支えてくれた妻には感謝している。

家族を養っていくためには、僕は長くプロ野球選手であり続けなくていけない。一軍で活躍しなくては意味がない。長女が誕生した05年も、最後まで腐らずに準備に専念した。

一軍に上がったときに、自分には何を求められているのか。何を必要とされているのか。一軍に上がるタイミングや時期によって求められるものも違う。それを瞬時に感じなければならない。出場は少なくても、一軍と二軍を行き来する経験が多かったから、そんな発想も生まれたし、自分に取り入れることもできた。僕の生き残る術だった。

そう考えれば、無駄な時間なんてひとつもない。物事をすべて前向きに捉えることができた。昇格や降格に一喜一憂し、その日をただ何も考えずに暮らしていたら、僕のキャリアはとっくに終わっていただろう。

選手時代はよく、

「グラウンドにはお金が落ちている」

と言われた。僕は、

「グラウンド内にもグラウンド外にも、自分を成長させるきっかけがたくさん落ちている」

と思っていた。阿部さんを抜いてレギュラーになろうという考えは、ひとまず頭の隅に置いて、求められたときに力を発揮できる選手になれれば、一軍のチャンスが広がると思っていた。

競争して、負けたほう
どちらかがクビだよ

2005年秋。Bクラスに低迷した堀内政権から第二次原政権に代わった。チームも若返りを目指し、原監督が早速秋の宮崎キャンプから指揮を執ることになった。
「さあ、これからだ」と僕のモチベーションも高まったのだが、キャンプ地の宮崎に僕は呼ばれなかった。年の近い選手はみんなキャンプに行っていた。また、「このオフにクビになるのかもしれない」という思いが頭をよぎったが、これはもう考えても仕方のないことだ。

報道では、新生・巨人軍が多く取り上げられていたが、僕は宮崎よりも、こっちのほうがいいんじゃないか、と自分に言い聞かせた。そんな風に考えなければ、時間を無駄に過ごす可能性が高いからだ。ジャイアンツ球場に残って少数精鋭で練習をしたほうが、コーチにしっかり見てもらうこともできる。この秋に力をつけて、二軍のキャンプで進化した自分を見せて、アピールすることしか考えていなかった。

シーズンが不振に終われば、移籍などで補強するのは自然の流れだ。06年シーズンを迎えるにあたり、球団はFAや外国人補強、トレードを実施した。だが、なんと前年に力の差を感じた日本ハムの同学年・実松一成が、岡島さんとの交換トレードで、古城茂幸さんと一緒に巨人へ移籍してくることになったのだ。阿部さんというレギュラー捕手がいるのに、2番手以降の捕手の強化をした形だ。これには本当に驚いた。

一軍には阿部さん、村田善さん、小田さん、他にも捕手がたくさんいた。年齢が上、もしくは下の選手が来るならまだ納得もできるが、よりによって同い年の右バッター。複雑な気持ちだった。実松とは高校3年生のときに同じ甲子園大会にも出ていたし、プロに入ってからも会話をする間柄だった。きっと実松も驚いたはずだ。同学年の捕手が巨人にやってくることは予想外で、僕の頭の中の引き出しにはなかった。

また、崖っぷちの戦いが始まるんだなと思った。球団からしてみれば、僕が全然成長していないから、ケツを叩くためという狙いもあるのかなと勝手に想像した。

「競争して、負けたほうどちらかがクビだよ」

と言われている気もした。同学年が同ポジションで、しかもベテランになっても一緒にプレーしている姿が想像つかない。

でも、腐ることはなかった。これまでに何度も補強や新人捕手の加入が繰り返されていたので、心の整理も簡単にできるようになっていた。補強は球団、会社が決めること。僕ら選手は意見を言える立場ではない。そんなことは、もう8年もプレーしていればわかることだ。

僕はこの頃から、ライバルの加入がモチベーションアップにつながり、生き抜くための引き出しが増えていったように思う。言い方を変えれば、捕手の補強に関して、余裕ができたのかもしれない。僕がやるべきことは変わらないからだ。いつでも一軍に呼んでもらえるように、怪我をしないで一瞬のチャンスのために準備をすること。この境地に辿りつかなければ、このあと10年もユニフォームを着続けることなんてできなかっただろう。

阿部さんが帰ってくるまで、チームを守ろうな

それに実松がいたからこそ、僕は18年間もプロ野球選手でいられたという側

面もある。実松との共存で、お互い成長できたんじゃないかと思う。引退する2016年まで、僕と実松が第2、第3の一軍捕手のポジションを争うことが多かった。阿部さんが怪我で離脱したときは、二人の併用が続いたこともあった。遠征先で一緒に食事に行くこともあり、いつも同じことを言っていた。

「阿部さんが帰ってくるまで、チームを守ろうな」

「俺らのせいで負けたとか、優勝を逃したとか、絶対に言われたくない」

互いにレギュラーを目指してはいたが、少し考え方を変えて、僕たちが持ち味を発揮できる居場所で精一杯頑張ろう、と酒を交わしながら誓い合っていた。

実松とはライバル意識はあるけれど、一緒に戦っていく戦友のような連帯感のほうが強かった。負ければ、メディアに「阿部の不在が響いた」などと報じられてしまう。厳しい目で見られるのは承知の上だが、それだけは言わせたくなかった。

投手によって僕なのか、実松なのか起用法が変わった。僕がスタメンなら実松が、

「おい健、最後まで守れよ。僅差で俺に（試合を）渡すなよ」

と言ってきた。反対に実松がスタメンのときは、

「おいサネ、同点や僅差の終盤で渡すなよ、最後まで守るんだぞ」

と声を掛け、一緒に戦った。

僕らの打順は、投手の前を打つ八番あたりだ。3、4打席目に差しかかる終盤の勝負所では、代打を出されるケースが多い。代打が出されると、次の回からはどちらかがマスクをかぶることになる。

だが、どちらがスタメンで出場しようとも、次の準備はわかっている。野球の試合は、プレーボールからゲームセットまで、すべての選手が良い結果を残す確率は少ない。野球は失敗の多いスポーツで、〝間〟を大切にしなければならないスポーツだ。ゲームセットの瞬間まで、一瞬たりとも隙を見せてはいけない。試合に出てようが出てなかろうが、ホームベースを守ることは、実松と僕との共同作業だったのだ。

一軍の試合に出続けるようになったとき、実松と僕は同じことを考えていた。

「こんなにも巨人のホームベースを守り抜くのは大変なんだな……」

改めて阿部さんのすごさを感じた。現役終盤は、二人で一緒に力を合わせて

チームを支えることができたという自負もあり、楽しい期間だった。励まし合えた実松の存在は、僕にとって大きかった。

同い年だから、いろんな話が本心からできた。30歳を超えたあたりから、自分たちの引き際の話もした。チームのベテランになっていけば、間違いなく同い年の捕手は二人も必要なくなるし、チームのためにもならない。どちらが早いかはわからないけど、いつか引退するときが必ず来る。僕のほうが早かったけど、実松には引退発表前に連絡を入れた。今後どうするかという話もしたし、そのときの僕は悲観的になることはなかった。

第3章

準備

明日、カトケンで行く。投手は上原

崖っぷちに立たされながら、ここまで踏ん張り続けた。入団8年目の07年シーズンは、その苦労が報われた一年でもあった。

開幕は二軍で迎えたが、6月10日のロッテとの交流戦で、僕は実松と一緒に一軍に呼ばれた。阿部さんが腰痛を発症し、2番手捕手だった村田善さんが3連戦の初戦で右肩を痛め、治療に専念するため登録抹消。一軍捕手が揃って怪我をしてしまう非常事態だった。家でテレビを見ていて、「もしかしたら連絡が来るかな」「来てくれ」と思っていた。すると、原監督は若い僕らにチャンスを与えてくれた。

3連戦の2戦目。まず、実松がスタメンマスクをかぶり、工藤公康さんとバッテリーを組んだ。僕は実松のリードを一番近いベンチから見て、ロッテ打線のイメージを膨らませていた。実松は内角球と大きなカーブをうまく使って工藤さんをリード。7回を1失点にまとめた。結果は2－3でサヨナラ負けになったが、巧みな配球だった。

一軍に呼ばれた初日は実松がスタメン。僕も本当は試合に出たい。だが「悔しい」ではなく、これでロッテ打線をイメージできるなと前向きに捉えた。ミーティングのあとイメージしてすぐの試合出場より、ミーティングでイメージして、一試合ベンチから客観的に相手チームを観察して試合に出場する。そのほうが好結果につながる可能性が高い。

ロッテ打線には、西岡剛選手（阪神）、今江敏晃選手（楽天）、ベニー選手（元メッツ）、里崎智也選手（解説者）ら、手強い打者がオーダーに並んでいた。試合後、僕は翌日の3戦目に先発出場することを伝えられ、強打者たちと相まみえることになった。

「明日、カトケンで行く。投手は上原」

当時の村田真一バッテリーコーチからそう言われ、気持ちが引き締まった。消化試合以外で一軍のスタメンマスクをかぶるのは初めてだった。あれから、もう6年が経っているんだなと思った。待ちに待ったスタメン。僕は、かなり舞い上がっていた。

「来たぞ。ここからだぞ」

と自分に言い聞かせた。

敵地でのロッテ戦は、球場近くのホテルに宿泊する。スコアラーからデータ資料をもらい、今日の試合で感じたことをイメージしながら、どういう風に攻めようかと部屋で資料に穴があくほど目を通した。準備をしっかりしないと、一軍では勝負できない。

僕にとっては「準備」という二文字が大切だ。準備をして結果が出なくても、次のステップへつながる。だけど、もし仮に準備をせずに結果が出たとしても、長くは続かないと心からそう思う。6年前に初めて一軍を経験させてもらい、そのときは3日間の登録で二軍に落ちた。僕はこの日のために二軍で準備を重ねてきた。やっと来たチャンスに興奮状態だったが、データをしっかり頭に入れて、明日のゲームは冷静にいこうと思った。資料を読み終えたとき、時計の針は午前3時をまわっていた。

打たれたら甘く投げた俺が悪い

球場に着いてからは、6年前の初スタメン時よりスムーズに、試合に向けての準備ができた。一軍登録されてから2日経っていたので、一軍選手への挨拶やサインの確認など、やらなきゃいけないことは済ませていた。試合開始までの限られた時間をうまく使い、心に余裕もあった。ロッカーにいても、自分が次に何をしなくてはいけないかを理解していた。食事にしてもそう。スタメン時はバナナを2本、あるいはそばかうどんを軽く食べる。試合中も栄養ゼリーを補給しようとか、頭の中でしっかり準備ができていた。

試合は午後6時開始。先発の上原さんの球種を念入りに確認し、ロッテの打者のイメージを膨らませた。プレーボールの20分前には、ブルペンで投球練習を開始。上原さんはキャッチボールの時点から、すごいコントロールをしていた。それに、軽く投げているように見えるが、手元に近づいてくるにつれてボールが速くなっていくように感じる。

「これが巨人のエースのボールなんだな」

と、初めてバッテリーを組む緊張感と同時に、一球一球受けるごとにワクワク感も高まってきた。まだ試合開始前なのに、アドレナリンが全開になりそうなくらい興奮していた。上原さんはストレートから徐々にフォークも交えてきた。すごいボールを受けながら、僕は、

「序盤はどんなボールを使おうか」

「まずは何事も『始まり』が大切だ。初回の先頭はどう攻めようか」

と、とにかく頭の中は試合のイメージでいっぱいだった。主力の怪我によって、ようやく摑んだチャンス。僕に失敗は許されない。

結果が出なければ、即二軍!!

この〝商品〟は使えないと思われても二軍!!

その逆の結果にするためにも、スタートが大切なんだ!!

体はガチガチだった。すると突然、上原さんがブルペンで僕の名前を呼び、

こう言った。

「おーい、カトケン！」

「お前の好きなようにサイン出せよ。ボールが甘くなって打たれたら、打球はヒットゾーンに行く確率が高いからな。だから、お前は思い切ってやれ。たまに投げたいボールがあったら首を振るから、サイン変えてな」

上原さんに呼ばれたときは、ロッテ打線の攻略についての話をするのか、先頭の入りの球の話をするのか、といろんなことが瞬間的に浮かんだが違った。

打たれてもお前は気にするな――。

打たれたら甘く投げた俺が悪い――。

そう上原さんは声を掛けてくれたのだ。この言葉には、本当に救われた。考えすぎている僕の様子を見て、上原さんはリラックスさせてくれたのだろう。

緊張感の高まる試合直前や、試合中に人の心を落ち着かせる言葉を掛けるタイミングは、とても大事なんだなと改めて感じた。上原さんにとっては何気ない一言だったかもしれないが、僕の心に響く言葉だった。

上原さんの一言は、のちの捕手人生にも生かされた。

例えばマウンド上で、

「このケースで一番やってはいけないことはなんだ？　長打だぞ。ゴロで抜けるヒットならＯＫだ。俺はいつもより低く構えるから、お前もいつも以上に低目を意識しろよ」

「お前が俺のサインに首を振って、それでも俺が折れずに同じ球種を要求して打たれたら、今のは自分の責任だと担当コーチに俺が言うから、とにかく思い切ってこい」

こんなやりとりを、試合中に若い投手とはよくした。

僕がサインを出して打たれてしまったら、必ず投手と話をするようにもしていた。また、逆に投手が良いピッチングをしたときは、「今日はなぜ、何がどう良かったのか」について、いつも以上に話をしなければならない。そんなときに「ナイスピッチング」「ナイスゲーム」の一言だけで、その一日が終わったとしたら少し残念に思う。試合が終わった瞬間から、もう次への戦いが始まっているのだから。

試合前のブルペンではすごいボールを投げているのに、マウンドに上がった途端、ブルペンのようなボールが来ない投手もいる。そういうとき、何とか気持ちを楽にさせてあげられないか、ということをいつも考えるようになった。

話をするタイミングを間違えてもいけない。その人の心に入っていかければ意味がないからだ。それに、タイミングが遅れて声を掛けても、打たれて終わっていることだってある。若い選手に何かをアドバイスするときには、強く言って「うるせーな、加藤」と思わせるのもひとつだし、選手によっては少し抑えめで優しく声を掛けるのもひとつだ。

マウンド上で投手は孤独だ。僕の考えすべてが正解とは限らない。10人いれば10人の考え方がある。一試合で130球サインを出して、バッテリー間ですべてが合う確率なんて限りなく低い。だけど、僕がずっと大切だと感じていたコミュニケーションの形が見えた、きっかけになる上原さんの一言だった。

配球に正解はない

上原さんに試合直前のブルペンで緊張をほぐしてもらった。あとは、精一杯プレーするだけだ。今までやってきたことを信じ、いろいろと考えることをやめた。ただ、守備や打席でのサインミス、ワンバウンドの球を緩慢プレーで後ろに逸らしたり、捕り逃したりすることだけはしない。そのたったひとつのプレーで、首脳陣が使いたくなくなってしまうからだ。全力でいった結果のミスは割り切れるし、次にもつながる。僕は自分にそう言い聞かせた。

1回表に巨人が先制点を取ったため、少し楽な気持ちで試合に入れた。上原さんの球はベース盤の上を通過するときがとても速く感じる。ミットを目がけて、どんどん加速してくる印象だ。ストレートは構えたところに来る。フォークは構えたところからストーンと落ちる。ストレートの場合、バッターは「捉えた」と思って打ちにいくが、ボールにキレがあるのでファウルや空振りになる確率が高い。

例えばストレートをファウルした場合、打者は遅れていると感じれば少しポイントを前に置いたり、タイミングを早く取ろうとしたりするだろう。そのときにフォークを投げれば、空振りの確率も上がる。その逆も然りだ。打者にフォークを意識させれば、ストレートがファウルや空振りにつながるのだ。

上原さんの投球は、精密機械のようなコントロールだった。僕は、上原さんのおかげで冷静にサインを出すことができたし、内野の守備隊形にもしっかりと指示を出せた。1回裏はテンポ良く、三つのアウトを取った。

2回先頭のロッテ・フランコ（元カブス）に一発を浴びて同点とされたが、上原さんの調子は悪くないと感じていた。味方の反撃を待った。すると3回表、走者を一人置いて、主砲の李承燁さん（元サムスン）がアーチを描いた。大きな2点が入ったかに思えた。だが、ファンの方なら覚えているだろう。走者の小関竜也さん（巨人打撃コーチ）が三塁ベースを踏んでいないと判定され、本塁打は幻に。雨の中、原監督らが抗議したが、認められなかった。

上原さんも残念そうだったが、切り替えて3回裏はふたつの三振を奪うなど、力投した。5回に味方打線が勝ち越し、そのリードを守りたかったが、その裏には里崎さん、7回裏には大松尚逸選手（ヤクルト）に本塁打を浴びた。

試合は2－3。1点差で敗れた。上原さんは8回完投も3失点。僕も最後までマスクをかぶったが、すべてイニングの先頭に本塁打を打たれたのが本当に悔しかった。これも、やってはいけないことのひとつだ。本塁打は防げる確率が高いものだからだ。それなのに、先頭に長打……。

ただ、収穫もあった。同期入団の上原さんとバッテリーを組めたことで、リードの幅が広がったのはもちろん、いろんな発見があった。

例えば、フォークボールの使い方。上原さんは、ひとつの球種で二通りの変化がつけられる。それまでの僕は、フォークは真ん中付近からストンと落とすものだと思っていた。だが、上原さんはフォークを両サイドに投げ分けるのだ。そんな発想は、今までの僕にはなかった。新しい発見だった。

例えば、右打者のインサイドにフォークで空振りか、ファウルを取ったとする。すると打者は、インサイドにもフォークがあると意識してくれるので、次は外のストレートがファウルや空振りになる確率が上がる。普通ストレートとフォークの組み合わせだと、打者は高低の攻めをイメージするところだが、上原さんはフォークを両サイドに投げ分けるため、二種類のボールで縦だけではなく横の幅も出てくるのだ。しかも上原さんのボールは、要求したところに正確に来るから大きな武器だった。

また、スコアリングポジションに走者を背負ったときの上原さんは、受けていてボールが一段と速くなったように感じた。スイッチが入ったなと思えた。

僕は、配球に正解はないと思っている。上原さんのようにコントロールが素晴らしい投手ばかりではない。要求とは違うコースに来る場合もある。そんなときは、そのボールを次の配球に生かしていくのもひとつの方法だ。コントロールに自信がない投手であっても、捕手の力で何とかしてあげようという考えも芽生えた。バッテリーの仕事は共同作業だからだ。

本当に上原さんは、その後の僕にいろいろな引き出しを与えてくれた。

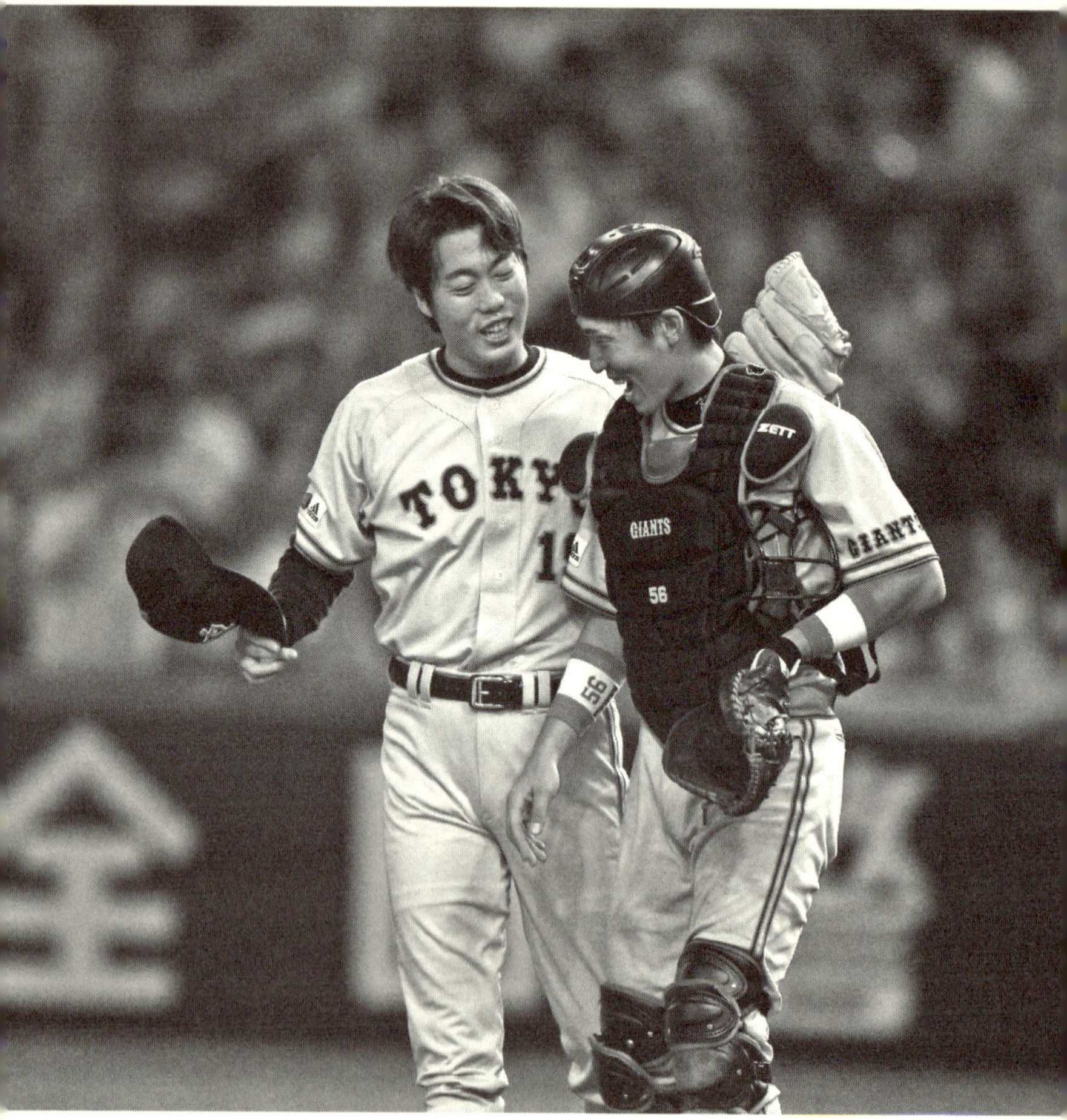
TOKY
GIANTS
56
ZETT
GIANTS
56
全

やっとスタートを切れた！

この試合、他にも僕にとっては忘れられない出来事があった。プロ入り8年目にして、うれしいプロ初ヒットを放ったのだ。

4回2死で迎えた第2打席。ロッテの先発はサブマリンの渡辺俊介さん（解説者）だった。僕は下手投げの投手は好きではなかった。この年、渡辺さんとは二軍で対戦していたので、球の軌道は頭の中にあった。だが、打席に立つとストレートが速く感じるため、いつも空振りやファウルを繰り返していた。だから遅い変化球にチャンスがあると思っていた。渡辺さんを打つことをイメージしたら、カーブしか頭に浮かばなかった。

「2ストライクに追い込まれるまではカーブだ」

「自分のお尻のほうから曲がってきたやつを振ってやろう」

「アッパーでもなんでもいいので、一発で仕留めてやろう」

そう思っていたところに、狙っていたカーブが来たのでスイングした。捉えた打球はレフト前へと転がった。やっと出た。

一塁ベースまで走るわずかな時間で、

「やっとスタートを切れた！　ここからだ!!」

という思いが心に浮かんできた。このヒットは得点には結びつかなかったが、本当によかったと思えた瞬間だった。試合の流れ次第では、途中交代も予想しなければならない。僕は最初から、4打席も自分にチャンスがあると思って出場はしていない。でも、スタメンだから2打席くらいはあるだろうなと思っていたが、早い段階でヒットが出て一安心だった。記念のボールは今でも自宅に飾ってある。

もしかすると、この6年ぶりのスタメン出場で結果が出なかったら、今度こそクビになるかもしれないという思いがあったため、実は妻だけを球場に呼んでいた。まだ幼かった長女は妻の実家に預け、僕の最後になるかもしれないプレー姿を目に焼き付けてもらおうと思ったのだ。結果的に試合には負けてしまったが、一軍で初のフル出場、初ヒットを打つ姿も見せることができた。これが最後にならなくてよかった。

いろんな条件が重なった初のフル出場とプロ初安打だった。一軍捕手が同じタイミングで怪我をしたこと。3連戦の2戦目はベンチから見ながらイメージできて、3戦目の出場だったこと。バッテリーを組んだ上原さんとは同期入団で、1年目から会話ができていたこと。ファームで対戦経験のある投手が先発だったこと。そして妻を呼んでいたこと……。

常に崖っぷちを歩きながら、ここまで頑張ってきてよかったと思えた。

この一試合をきっかけに、07年シーズンは19試合に出場。40打席に立ち、10本のヒットを放つことができた。打率は2割9分4厘。初打点を挙げることもできた。チームは怪我人も多く低迷してしまい、Bクラスになってしまったが、自分にとっては手応えのあるシーズンだった。

〝かちあげれば〟いいんだよ

その冬、僕は各国の若手が集まり、チームを作ってリーグ戦を戦うハワイ・ウインターリーグに球団から派遣された。斎藤雅樹コーチ、亀井義行（現・善行）選手と、2か月間の武者修行に出かけた。亀井と二人部屋で、心身ともに野球漬けの一年となった。

試合では初めて対戦する投手も多かったので、対応力を養うことができた。それに守備面でも攻撃面でも、投手がどんなボールを投げてくるかなど、しっかりと観察眼を身につけることもできたように思う。バッターボックスで相手が何を考えているのかを一瞬で感じ、味方投手がマウンドで表情を変えた瞬間も見逃さないように心がけた。

外国人のちょっとした仕草もヒントになることがある。

例えば、バッテリーを組んだ投手がストライク、ボールの判定でイライラしているると思ったときは、マウンドに行って「辛抱強く行こう」とか、ジェスチャーを交えて励ました。言葉が通じなくても、自らチームに溶け込んでいかなければ意思の疎通はできない。

ベンチのときは、自分が打席に立つことを想定して、亀井や他の選手が打席に立ったときのイメージを聞いた。まず、ベンチから見てイメージをする。次に打席に立って、実際にボールを間近で見た人のイメージを聞く。そして、ふたつを合わせてもう一度イメージする。そういった準備が大切だと思っていた。

また、打席での味方選手も観察して、1打席目と2打席目で変化があったら、なぜそうしたのかも聞いた。聞く前には、こういう答えが返ってくるかなという自分なりの推測も立てておき、それで答え合わせをするイメージだ。なぜ味方の選手に聞くのかといったら、当たり前の話だが、相手チームの選手に聞いたところで、本当の答えが返ってくる可能性は低いからだ。これは社会でも一緒だろう。ライバル会社の社員に聞いても、正解は教えてくれないはずだ。

自分の考えが合っていれば、俺の観察力は当たっていたなと自信になるし、もし違う答えが返ってきた場合は、まだまだ俺は観察力が足りないんだなと自覚できる。もっともっと、人に打者に興味を持って、ホームベースを守る際に生かさなければと常に思っていた。

この手法は、日本にも持ち帰った。常に人に興味を持って、何を考えているのかを想像した。

例えば、相手打者が1打席目は一度も振ることなく三球三振。次の打席での心理を読むと、積極的に振ってくる確率が高いのではないかと予想する。だが、振ってこないかもしれない。これは投げてみないことにはわからない。そこで、一球投げることによって、そのときの打者の反応を見てヒントを探す。だから、一番難しいのは一球目の入り球なのだ。

そうやって打者心理を予想するだけで、リードの幅が広がった。他にもチームの後輩の好打者、長野久義や坂本勇人らにも「あの打席ではどの球種を待っていたの?」と理由と合わせて聞いたこともあった。(村田)修一が大きなカーブを捉えて本塁打を放ったときに、どんな風にして打つのかと聞いたら、「多少アッパー気味に下からバットが出ても、〝かちあげれば〟いいんだよ。

まっすぐじゃないから、力負けしないわけだから」

と、独特な表現で返ってきた。自分の中にはない考えだったので驚いた。一流打者たちの考え方は、自分のバッティング向上に大いに役立った。また、バッテリー間では配球の話をたくさん重ねた。お互いに納得することは確認作業につながり、自分への自信になる。自然とコミュニケーションは増えた。人に興味を持つことの大切さを感じた。

この打席、俺に一球くれ

ハワイ・ウインターリーグ後は、6年前と同じく来季への手応えを感じていた。昨シーズンの結果を踏まえて、2007年は僕を使ってくれるのでは？という思いもあったが、期待はしても慢心していたら、陽が当たらない日々へ逆戻りになってしまう。一軍へのレールから〝脱線〟しないように、キャンプ、オープン戦はとにかく必死だった。オープン戦では飛び抜けた成績は残せなかったが、目標だった開幕一軍切符を手にすることができた。阿部さんに続く、2番手捕手というポジションをやっと摑んだ。責任ある役割なので、怪我はしないようにと常に考えていた。

一方で2番手はレギュラーではない。実松もいるわけで、入れ替わりの激しいポジションだ。試合にはコンスタントに出られるわけではない。出場するのは阿部さんがほとんどで、僕の出場機会は点差がついたときや終盤。開幕当初は捕手が二人態勢だったので、イニング間のベンチ前での投手とのキャッチボールは僕の仕事だった。

ただ、いつ自分の出番が来てもいいように、準備だけはしておきたい。リリーフ投手の状態はチェックしておきたかった。だから、ブルペンに行きたいときは寺内崇幸選手に投手のキャッチボール相手を頼み、ブルペンへボールを受けに行った。

ブルペンでは、投手の球を受けて会話をするのはもちろんだが、ブルペン捕手の高橋信夫さん、用松淳さんから投手の細かな変化をいつも聞いていた。ブルペンは、そういう大切なコミュニケーションの場でもあった。

試合に出たときに結果を残せなかったら、また〝新しい商品〟と入れ替えられてしまう。そうなれば、僕の居場所はなくなっていく。だから、試合前にこれから出場するリリーフ投手の球を受けて、調子も確認したかった。そうやって常にモチベーションを保った。

阿部さんがスタメンで行くことは間違いないし、最後までマスクをかぶることがほとんどだ。ただ、自分の出場の可能性をゼロにしていたら、緊急時に対応できない。たとえベンチにいようと、ゲームセットの瞬間まで隙を見せたらダメなのだ。僕はこの頃から、「自分が毎日出るんだ」という強い気持ちを持って、準備することを常に心がけた。そういうイメージを持つことが大切だと思ったのだ。

首脳陣からかかる期待と信頼は、以前に比べれば高くなったような気がしたが、安泰だと思ったことは一度もない。成績を残せなかったら二軍に落ちるという危機感は常に持っていた。だが、この年はほとんど一軍にいることができた。これは、伊勢孝夫打撃コーチ補佐のおかげで、意外性のある打撃ができたのも大きな要因だった。

07年シーズンは21打数4安打。打率1割9分しか打てていないが、伊勢さんのアドバイスでプロ初本塁打を放つこともできた。

9月21日、東京ドームでの横浜戦。先発の寺原隼人投手に対して、1打席目をスライダーで三振。2打席目は1打席目に三振したスライダーが頭にあり、外角の直球で見逃し三振。3打席目に向かう前、全くどうしていいかわからなかった。阿部さんの負傷でまわってきた先発マスク。守備のほうで頭がいっぱいだった。すると、3打席目に入る前に伊勢さんから、

「この打席、俺に一球くれ」

と言われた。どういう意味かと思っていると、伊勢さんはこう続けた。

「肩口から入ってくるスライダーを待っておけ。(当たるかもと思って、びっくりして)腰引くなよ。それを打て」

と言われた。寺原のスライダーが、伊勢さんの予想した通り肩口から入ってきた瞬間、それを打ちにいった。打球は左中間席に飛び込む3ランとなり、勝利に貢献できた。信じられないような思いだった。お立ち台にも上がったが、

AHASHI
21
GIANTS
56

緊張で面白いことは何ひとつ言えなかった。9年目の初アーチだった。

バッテリーを組んだ高橋尚成さんも、僕のホームランは全く予想していなかったのだろう。新聞のコメントでも、「涙が出るくらいうれしい」と言ってもらえた。僕も本当にうれしかった。

何点差であろうが、勝つんだ。結果を残すんだ

その約一週間前の9月14日、広島戦でも印象に残る打席があった。先発した内海が乱調で、9回までに5点のビハインド。阿部さんは点差が離れたので退き、僕に出番がまわってきた。レギュラーを休ませる試合であっても、僕に捨て試合なんて一試合もない。

「何点差であろうが、勝つんだ。結果を残すんだ」

と執念を燃やしていた。追いかける9回に外国人のホリンズ、高橋由伸さん

のタイムリーで2点差まで迫った。なおも2死満塁で僕に打席が来た。「松坂世代」でもある永川勝浩のフォークを振り抜くと、ライト前への同点タイムリーとなった。そして、延長12回に清水さんが右中間にサヨナラヒットを放って逆転勝利。守備でもバットでも勝利に貢献できる喜びを、日々感じていた。

いつもそばにいてくれた伊勢さんは、ヤクルトや広島、近鉄で打撃コーチを務め、何度もチームをリーグ優勝に導いている名コーチだ。ヤクルト時代は名将・野村克也監督の下でＩＤ野球を支え、三度の優勝を果たしている。06年からスコアラーとして巨人に来て、僕は伊勢さんと出会うことができた。

東京ドームで練習開始の2時間半前、12時から毎日1時間、三塁側ブルペンで伊勢さんと一緒に打撃練習をした。特に僕や代打の切り札として活躍した同い年の矢野謙次にボールを多く投げてくれた。僕の打席のことを細かくチェックしていて、苦手なコースや球種があると、打撃練習では伊勢さんが解説しながらボールを投げてくれた。「お前が今、打った感じはどうだった？　俺はいいと思うが、お前の考えはどうなんだ」とか「俺はこう思う」とか徹底的に会話を重ねながら、僕を良い方向へと導いてくれた。

僕のことを本当に理解してくれていたし、伊勢さんのアドバイスは的確だった。だから、たとえ伊勢さんの指示で打てなくても、自分自身で納得できた。初本塁打のときも「お前が狙って打てる球は、抜けてきた変化球だから」とスライダー狙いを指示されて、素直に信じることができた。僕たちはいつも一緒に戦っている感覚だった。伊勢さんのアドバイスのおかげで、いつも迷いは消えていった。

謙次も、いつも伊勢さんと勉強をしていた。「代打の神様」と呼ばれるほど勝負強くなったきっかけを、伊勢さんが与えてくれたのだ。伊勢さんがボールを投げながらのコミュニケーション指導は、本当に勉強になったし捕手としての成長にもつながった。

この年、巨人は最終的に中日、阪神とのデッドヒートを制して、5年ぶりのリーグ優勝を果たした。小笠原道大さん（中日二軍監督）、谷佳知さん（元オリックス）という素晴らしい選手を補強しながら、阿部さん、清水さん、上原さんという生え抜きの選手とも噛み合った。

僕も控えながら、少しは優勝に貢献できたかなという実感があった。これまではテレビで見ることしかできなかった監督の胴上げも、優勝のビールかけも体験できたので、すごく充実したシーズンだった。本当に野球をやってきてよかったなと思えた瞬間だった。クライマックスシリーズでは中日に敗れ、日本シリーズ進出はならなかったが、9年目にして、初めてジャイアンツに来て仕事ができたと思えたし、苦悩が報われた瞬間でもあった。

ホップ・ステップ・ダウン

これで、あと2、3年はユニフォームを着られるのではないかという安心感も出てきたが、自分の〝椅子〟の確保は大事だ。何が起きるかわからないのがこの世界。06年、07年といいシーズンを送れたので、〝ホップ・ステップ・ジャンプ〟と行きたかったのだが、実際には〝ホップ・ステップ・ダウン〟になってしまう。崖っぷちがまたすぐにやってきたのだ。

日本シリーズ進出を逃した秋のキャンプ。僕は一軍メンバーに入って練習を行っていた。気持ちの充実から、張り切ってプレーしていた。そんな中、守備練習中に僕を悪夢が襲った。ノックを受けていた際、横に飛び込んで肩を脱臼してしまったのだ。痛みが引かず、原監督から治療に専念するよう指示を受け、その夜に緊急帰京。検査の結果は、左肩関節窩骨折という診断だった。無念のリハビリ生活が始まった。家族との旅行も計画していたのだが、白紙に。充実のオフの予定が暗転した。

早く治そうということしか頭にはなかったが、翌年春のキャンプには間に合わなかった。スイングをするのも怖くて、右手をバットから離そうとすると、左手が脱臼しそうで怖かった。捕手の代わりはたくさんいる。ある程度は野球ができるところを首脳陣にアピールしないと、チャンスがなくなると思っていた。06年、07年と一軍に置いてもらって、一軍3年目のシーズンがとても大切だし、自分の〝商品価値〟も上げられると思っていた。

またもやピンチがやってきた。これくらいの痛みだったらやれる。ごまかしながらやろうか。どうにかして野球ができないか。いや、無理に練習してまた肩が抜けたら勝負にならない……と模索しながら月日は流れた。懸命にリハビリを重ねたが、完治したのは開幕ギリギリだった。

嫌な予感はしていた。

もしかしたら、捕手の補強があるのではないか……。

この年は北京オリンピックを控え、阿部さんは招集されることが決定的。シーズン中にチームを離れるし、僕がこんな状態だと首脳陣としては構想に入れづらい。この先一年間を想像したら、なかなか計算できないからだ。ただでさえ、捕手の強化をこれまでも進めてきたチームだ。

その予感は的中した。08年6月、三つ年上の捕手、鶴岡一成さん（ロッテ二軍バッテリーコーチ）が真田裕貴投手（元巨人）との交換トレードで横浜から入ってきた。またもや同世代の右打者の捕手が加わった。

このタイミングでの補強は、怪我をした自分自身に失望した。2年目の終わりに、乗りかけた〝飛躍のレール〟に乗れなかった。6年後、また目の前にそのレールが現れた。今度こそ外れないようにと頑張っていたが、今度は怪我で自分の手からそれが離れていく……。情けなかった。だが、この年の僕は不思議と焦りはなかった。まずは体を万全にしよう、そう思えた。

同じリードしていてもダメじゃね？

経験のある鶴岡さんの加入で、阿部さんに次ぐチーム2番手捕手の〝椅子〟の取り合いが始まった。補強で争いが活性化するシチュエーションにはもう慣れていた。いつも通り、どこかでチャンスがある。そこで結果を残すだけだ。負けている試合で途中から出ていっても、常に全力で一瞬の勝負に結果を残せば、少しずつ自分の居場所ができる。そのための準備を怠らなかった。考え方にブレはなくなっていた。

開幕当初、僕は一軍にいて、2番手捕手として待機する試合は多かったが、途中からは鶴岡さんが一軍に上がり、出番は少しずつ減っていった。08年は、阿部さんと鶴岡さんが主に一軍にいるシーズンだった。シーズンの最後に、阿部さんが帰塁の際に脱臼してしまい、離脱するアクシデントが起きた。チームにとっては大きな痛手となったが、ここで僕にまたチャンスがやってきた。

巨人は2年連続のリーグ優勝を果たし、迎えた中日とのクライマックスシリーズ。この大事な短期決戦で、僕と鶴岡さんの二人が阿部さんの不在を埋めることになった。クライマックスでは、阿部さんは代打で出場できるまでに回復していた。だが実松のときと一緒で、負けるとメディアや解説者の方々から「捕手・阿部の不在が響いた」と言われるのはわかっていた。だから、このときも鶴岡さんと話をした。

「阿部さんがいないからとか言われたくないから、絶対に勝ちましょう」

それがモチベーションになっていた。阿部さんがいないとき、いるときの役割はわかっていた。

鶴岡さんとは、試合が終わってビールを飲みながら、じっくり話をして考え方も共有していた。ライバルではあるけれど、移籍した直後から仲良くさせてもらった。捕手としても、違う考えを持っているはずだから、そういう方の捕手論を聞けるのは、楽しみだった。ベイスターズ時代は挨拶をしても反応が薄くて、なんだか冷たい印象を抱いていた。しかしチームメートになると、イメージは全然違った。野球の話になると、鶴岡さんはいつも何時間でも話していた。こんなにも野球に熱い人なんだなと思った。

3歳年上の鶴岡さんとはチームメートになるまで接点はなかったが、ベイスターズの試合を見ていて、インサイドを使うのが上手いという印象が強かった。レギュラーだった相川亮二さん（当時）とは、違うリードをしているように見えた。その印象を伝えると、「だって、同じリードしていてもダメじゃね？」という答えが返ってきた。僕と同じ考えだった。人間は一人ひとり考え方が違うし、すべて同じタイプの捕手だったら、使う側だって困るだろう。個性はあったほうがいい。自分の方向性が間違っていないことを再確認できた。

遠征先では「今日は反省会」と称して、一緒に食事しながら意見交換をした。鶴岡さんから「今日のリードどうだった？」と意見を求められることもあった。何度も言うが、捕手が10人いたら、10通りの考え方があっていいと僕は考えている。それを伝えると、鶴岡さんからは「（捕手が）コピーロボットみたいだったら、物事はいい方向に進まない」という答えが返ってきた。

意表を突いたことをすれば、相手にインパクトを与えることができる。だが、それで失敗したら大怪我をすることにもなる。裏をかいたつもりが、実は表だったというのは、よくあることだ。僕の考え方は間違っていないと確信が持てたので、自分にプラスになり、引き出しもまたひとつ増えた。

捕手のライバルが増えることに嫌悪感を示すのではなく、僕はそれを歓迎できるようになっていた。実松も含め、ライバルというより、お互いに結果を残さないといけない「戦友」ともいえる存在だ。阿部さんという柱がいて、2番手、3番手以降が頑張らないとチーム力は上がらない。個人のことよりもチームのことを最優先に考えていきたい。そんな境地になっていた。僕は、鶴岡さんという戦友と一緒に野球ができたことに感謝している。

明日バッテリー組んだら、俺が抑えてやるからな

そんな鶴岡さんと戦った、08年のクライマックスと日本シリーズは思い出深い。クライマックスでは中日を倒し、僕は小さい頃からの憧れだった日本シリーズの舞台に立った。対戦相手はパ・リーグ優勝の西武。球場には、これがシリーズなのかと感じるほど、独特な重い空気が漂っていたが、僕はワクワクしていた。

シリーズは第7戦まで戦い3勝4敗。惜しくも日本一は西武に譲る結果となった。岸孝之投手（楽天）が第4戦に先発して完封勝利。中2日でリリーフ登板して勝利投手になるなど、MVPを獲得した。僕は岸からヒットを打つことができたが、チーム全体としては岸に翻弄されてしまった。先発捕手はすべて鶴岡さんで、僕は5試合、途中出場した。

このシーズンは少ない出場機会の中で、セットアッパーだった豊田清さん（巨人一軍投手コーチ）とバッテリーを組めたのも、僕の野球人生の中での大きな出来事だ。上原さんと同様、豊田さんの野球に対する取り組み方や優しさに、僕は何度も救われた。

豊田さんが西武からＦＡで移籍したのは２００６年。その年にバッテリーを組ませてもらった甲子園での阪神戦でのことだった。その試合で、僕はサヨナラヒットを打たれてしまった。自分のリードを反省し、豊田さんに謝ろうと宿舎の部屋を訪ねた。

「すみませんでした……」

僕がそう言うと、豊田さんは、

「今日は悪かったな。健も活躍したのに、俺が抑えられなくて……」

「打たれたのは俺の責任だ。お前は気にすることはない。早くホテルの食事会場に行って、たくさんメシを食ってこいよ」

「また、明日バッテリー組んだら、俺が抑えてやるからな」

と、落ち込む僕に声を掛けてくれた。

豊田さんはブルペンに向かう前、僕の打席のときにベンチに座って応援し、大きな声を出してくれたりもしていた。その打席で本塁打を打ったこともあった。そういう豊田さんの姿が、僕に力をくれたんだと思う。

08年シーズン、豊田さんはセットアッパーを任されていた。日本シリーズのゲーム終了後、宿舎の近くの辛い料理が特徴的な韓国料理屋で食事をごちそうになった。試合後、シャワーを浴びたにもかかわらず、汗を大量にかいて、二人で野球の話をしながら、料理を口に運んだ。

その翌日、豊田さんは見事に好投した。僕もうれしかった。その夜も、「健、メシ行こうぜ」と言われて着いた店はまた同じところだった。またもや汗をかきながら、韓国料理をほおばった。一流投手でもそれくらい験《げん》を担ぐんだなとわかったし、強いこだわりを持って試合に挑んでいることを知った。

豊田さんとバッテリーを組んだ試合では、同じく「松坂世代」の赤田将吾（西武二軍コーチ）に三塁打を浴び、マウンドで「開き直っていきましょう」という話をした。豊田さんも古巣相手の日本シリーズなので、背負っているものは大きかったはず。その後は気持ちを切り替えて、二人でピンチをしのぐことができたのは今でも本当にいい思い出だ。

豊田さんは、責任を背負って勝負に徹する人間として、僕に大きな背中を見せてくれた先輩だった。

任せるよ、と言われても困るな〜

この日本シリーズで忘れられないのが、今季限りで現役引退を決めた片岡易之(現・治大)選手の存在だ。第7戦。巨人が1点リードの8回、片岡は死球を受け、ガッツポーズをして出塁。盗塁を決めて、送りバントで三塁に進塁。そして内野ゴロの間にギャンブルスタート。同点のホームを踏んだ。かきまわされた様子をベンチから見ていた。その後、西武は勝ち越して日本一を決めた。

あのときの片岡はすごかった。チームメートになる前は、生意気そうに見えたものだ。金髪だった時期もあったし、チャラチャラしているイメージしかなかった。だが、２０１４年にチームメートになってからは、印象が一転した。よく食事にも行ったし、落ち込んでいる姿も見た。こんなにも繊細だったんだなと気づいた。いろんなところに気を遣える男だとも思った。

ある日、食事に誘ったときのことだ。

「声掛けたい人いれば、任せるよ」

と伝えると、片岡は熟考した。そして、

「加藤さんは人に合わせることが得意そうに見えるけど、食事のときはリラックスして食べたいタイプでしょ？」

「任せるよ、と言われても（呼ぶ人を）困るな～」

と言われた。捕手は仕事上、投手に気持ちを合わせたり、自分の意思を殺してプレーしたりするポジションだ。試合以外ではリラックスしたいと思っているのが本音だ。あの金髪の〝クソ生意気〟に見えた男が、そこまで考えていた。僕はうれしく思った。

ただ、今年は度重なる怪我で一軍出場することができず、引退を決めた。FAで巨人に加入後も、自分で思い描いた活躍ができずに悔しい思いをしたと思う。1年僕のほうが先に引退したが、片岡にはゆっくり休んで、また次のステップに進んでほしい。

ヤス、長い間、本当にお疲れ様！

巨人にFAで加入、移籍してくると、これまでのようなパフォーマンスを発揮できずに退団していくというケースが見られる。よく「理由は？」と聞かれる。これはあくまでも個人的な考えだが、〝新商品〟や〝レア商品〟はみんな欲しいはずだが、巨人という球団は特に入れ替わりが早いからだと思う。

移籍1年目は、〝新商品〟なので球団、首脳陣は使ってみようと思う。でも、周囲からの期待値や課せられたハードルは高く、1年目、2年目と想像の域を超えない普通の成績、もしくはそれ以下だったら、3年目は別の〝新商品〟と比べられることになる。

僕はFAを獲ったこともないので、人の気持ちを想像することしかできないが、そうすると、選手自身のモチベーションの起伏も激しくなる。入団して3年くらい経ち、出場機会が失われていくと、FA選手じゃなくてもどうしていいかわからなくなるものだ。

例えば、僕が大活躍を2年間続けていて、3年目、4年目に全く活躍できない現実を迎えて球団から見放されてしまったら、路頭に迷っていたかもしれない。でも、僕はレギュラーも獲れず、必要とされたときに活躍するという立ち位置だったからこそ、18年間もプレーできたのだろう。

崖っぷちの戦いを繰り返す中で、自分がどうすれば生き延びられるのかという術に関しては、これまで何度も悔しい思いをしてきたおかげで身についていたように思う。

椅子

第4章

あの試合のリード、良かったよ

僕にとって初めての日本シリーズは、西武の日本一で幕を閉じ、09年シーズンへと時間は動き出した。そしてそのオフ、僕にとって大恩人でもあるエース・上原浩治さんが、海外ＦＡ権を行使し、メジャーリーグのオリオールズに移籍することとなった。

初めて上原さんとバッテリーを組んだときに感じたのは、制球力の高さだけではなく、野球への追求心がすごいということだった。

例えば、キャッチボールひとつにしても、強いこだわりがあった。僕が近くで見ていたとき「いい球筋だなー」と思った瞬間、「ああーっ」と叫んで、困った顔、悔しそうな顔をする。僕からすると、何がいけないのかもわからないほど良い軌道の球だった。だが、上原さんは納得がいってなかったようだ。

日々の練習の一球一球を大切に、確認作業をしながら投げ込んでいた。

そんな野球への熱い思いを持つ先輩だったからこそ、上原さんの一言一言が心に響いた。06年以降も僕のリードで気づいたことがあれば、

「お前、あのとき良かったよ。そのまま続けろよ」

「あの試合のリード、良かったよ」

と気を配ってくれた。

上原さんが話しかけてくれるだけでうれしかったし、それがだんだん自信にもなっていった。僕もいつかキャリアを積んで、声を掛ける側の立場になったら、そういう心遣いをしていきたいと思った。

僕の場合は、エースやレギュラーではないので偉そうなことは言えないが、控えの選手やなかなか陽が当たらない選手にだったら、「腐るんじゃないよ」と伝えられることもある。経験を積んだ選手ならば説得力があるし、言われた後輩も頭と心に入ってくると思う。レギュラー、控え、みんな人間なのだ。人を動かすのも人だと思う。

また、声を掛けるタイミングも大切だ。タイミングがずれてしまったら、相

手に伝わる確率は低くなるだろう。上原さんがチームを去ったとき、一緒にできないさみしさもあったが、自分もいつか人の心を動かせるような存在になりたいと思い、新たなスタートを切った。

ただ、この2009年から、また崖っぷちのサイクルが始まった。前年、僕は日本シリーズに出場できたが、それは怪我をした阿部さんの代役という意味合いが強かった。このあと2年間は阿部さん、鶴岡さんの二人態勢でシーズンは進み、僕はほとんど試合に出場することはなかった。

またどこかで勝負できればいいと思っていた。2009年の開幕捕手は阿部さん、鶴岡さん、そして星。ファームで待機する3番手に、僕か実松かという構図だった。2010年は新人だった市川友也（日本ハム）が阿部さん、鶴岡さんとベンチ入りした。そのとき、僕は星や市川を球団が育てようとする雰囲気を感じていた。だが、動じることはない。〝新商品〟を試すのは会社としては当然のこと。こんな状況は今までに何度も経験していた。

2～3番手の〝椅子〟は取り合い

09年シーズンに、巨人は日本ハムを倒して日本シリーズを制するのだが、僕はこの年、思うような活躍はできなかった。星が抹消されると実松が昇格。僕も7月に一度登録されたが、約2か月で二軍に戻った。頭部に死球を受け、退場するなどの不運もあった。悔しかったが、この経験は必ず今後に生きてくると思って、前を向いて進むことしか考えていなかった。

日本ハムとの日本シリーズの出場もなかった。ベンチ入りメンバーにも入ってはいなかった。ただ、僕と実松はビジターのときは札幌ドームへ、ホームのときは東京ドームへ行って、スタンバイはしていた。不測の事態に備えるバックアップ要員だった。

ベンチメンバー外でも僕らは巨人の選手。登録されていないメンバーがだらけていたら、士気は高まらない。チームに帯同もするし、練習も一緒にする。周りの空気を大切にしなければならない。

試合はテレビ画面を通じて、ロッカーや選手サロンで見ていた。応援もしていたし、出場することを想定して、いつ出番が来てもいいように相手の特徴、データを整理していた。実松とも話しながら、配球の共有ができたというのも貴重な時間だった。

2~3番手の〝椅子〟は取り合いだし、組織にしてみれば、若い選手を育てたいというのは当たり前のこと。僕たちは1番手（レギュラー）になれるのがもちろん理想だが、3番手、2番手とひとつずつクリアして自分の居場所を作らないといけない。まずは、自分が必要とされたときに万全でいられる選手になろうと思っていた。

もし、この2年で、星や市川が大化けをしていたら、2009、10年あたりで僕はチームを去らなくてはならなかったかもしれない。存在が危うくなってきていることを認めたくはないが、そう考えざるを得ない。

08年を最後に引退した村田善さんから、体のことやチームのこと、若手の台頭などを考え、自ら引退を決断したという話を聞いたことがあった。そういう引き際も、チームを活性化させるためには必要なんだと学ばせてもらったし、自分なりに行く末のイメージもしてみた。

一人ひとり考え方も違うし、引き際のタイミングも違う。でも、自分は組織におけるひとつの〝商品〟だと考えると、同感できるところもあった。ただ、2010年当時の僕は、体はもちろん心も元気だったし、後輩に負けていると は思えなかった。抜かれたなと感じていたら、自分から辞めていたと思う。

自分より二軍での成績が良くない選手が、一軍に呼ばれることも毎年のようにあった。だが、それは、

「今のニーズに合っているのは俺ではない」

「〝加藤健〟という商品の賞味期限を切らさないように」

「少し味の変化を加えながら、店頭に並べてもらった『最初』が勝負」

と考えられるようになっていた。この頃から僕は序盤は二軍で、シーズンの終盤やポストシーズンなどの山場になるにつれて、呼ばれる回数が増えるようになっていた。日本シリーズに出場したことのある経験が、緊迫した場面では

生きるからだ。

自分がどのような味になっていくかというのも大切

巨人というチームは、若手にチャンスがないと言われることもあるが、そうではない。誰もが一度はチャンスがあったはずだし、〝レール〟に乗れるかどうか試される時期もあったと思う。誰もが試合に出場しているのだ。何をチャンスと思うのかは人それぞれだろう。

僕の場合は、入団2年目の99年と06年に来た。チャンスはほんの一瞬のことで、一度か二度くらいだった。僕は巡ってきたレールに〝脱線〟した経験があるから、後輩たちがそのレールに乗りそうになったとき、乗れなかったときは見ていれば何となくわかった。

客観的に見たらわかるのだが、当事者はレールに乗ったこと、脱線したことにすら気づかない場合もある。そんな若手をたくさん見てきた。例えば、自分では何かを少しずつ摑んできたと思っていても、1年、2年、3年と時が経つにつれて、周りの見方も変化してくる。成長している姿を結果でも見せなきゃいけないし、評価は周りがすることだ。だから、自分がどのような味になっていくかというのも大切なことなのだ。

自分も当事者の頃はそういう発想にはなれなかったが、チャンスを逃したときに「またチャンスが来るだろう」と思っていても、そう簡単には来ないし、そんな甘い世界ではない。〝新商品〟の場合は、少し早めに店頭に置かれるかもしれない。でも、そこで売れなかったら、どんどん賞味期限が近づいてくる。

「またすぐに店頭に並べてくれるだろう」

と思っていたら大間違いなのだ。

どんどん〝試食商品〟が入荷され、居場所はなくなっていく。

例えば、二軍で結果を残して、晴れて一軍昇格したとする。しかし、チャンスをもらったけど生かせず、二軍に落ちる。上がったときの成績くらい残せば、また上から声が掛かると単純に思ってしまう選手もいるが、それは違う。そう思っていると痛い目に合う。選び方は同じではないのだ。その時々の首脳陣のニーズに合わなければ、その時々の状況を見られるようにならなければ、再びレールが目の前に現れることはない。脱線を繰り返せば、レールへの乗り方すらわからなくなる。そうして声すら掛からなくなる。

だから、自分でいろんな想像をして、準備することが大切なのだ。良い結果が続いているときは、何をしても成功することもある。しかし、自分で少し違うな、何か感覚がおかしいなと思ったときは、どんどん脱線して戻れなくなる。それは、準備不足によるものだ。僕は、それが客観的に見えるようになったから、長くプレーできたのかもしれない。星や市川はその後、西武、日本ハムへ移籍したが、自分の地位を確立して活躍できた。僕もうれしいし、巨人での悔しい経験を生かせたからだと思う。

僕は若手が先に一軍に上がっても、気を落とさずに二軍での成績を意識しながら取り組んでいた。「いま狙う〝椅子〟はこれではない」と割り切れたし、ベテランなのに成績が伴っていなかったら、一軍に上がれないのは当然だ。「成績が下がった＝やる気がなくなった」と思われても仕方がない。何度も言うが、評価するのは自分ではないからだ。年齢とともに、僕は考え方も自分なりに変化させていった。

それでも、一軍の試合に出られないのは精神的にきついときもあった。何とか離れそうな心をつなぎとめ、自分で自分に声を掛け続けて準備した。2010年は一軍でたったの4試合にしか出場していない。このときは30歳の働き盛り。厳しい現実だ。だが、このタイミングで大きな出来事が起きる。長男・峻平が生まれたのだ。

苦しいシーズンだったが、うまく気持ちを切り替えられた。一番きつい時期に生まれてきてくれた息子にありがとうと言いたい。息子の顔を見た瞬間、

「峻平にも、俺が巨人のユニフォームを着て、一軍で戦っている姿を見せてやりたい」

「峻平に見せるまでは辞められない」

と強く思った。長女はこのとき5歳。少しずつ、父親が野球選手であることはわかってきていた。だから、長男が5歳、6歳と大きくなって、その記憶に残る頃まではプロ野球選手でいたいと思ったのだ。責任感がこれまで以上に増

した。長女が生まれたときもそうだったが、僕がどん底だと思えたときに長男が生まれてきてくれた。

そして僕は、翌年に大きなチャンスを手にすることになるのだ。

野球生命にかかわる一試合になる

年俸はダウンしたが、無事に2010年オフも契約してもらうことができた。2011年のキャンプは二軍スタートだったが、オープン戦は一軍に帯同した。直後の3月11日に、あの東日本大震災が発生――。

その影響で、列島は電力不足になり、ナイターや大きな電力を消費する東京ドームなどではゲームができなくなった。

オープン戦もお客さんを入れない方式となり、名前を変えて「合同実戦練習」として地方球場をまわった。普段はオープン戦など行わない不慣れな球場で、開幕まで調整することになった。そんな中で迎えた神奈川・相模原にあるサーティーフォースタジアムでの阪神との練習試合。阿部さんが試合中に右ふくらはぎを怪我してしまったのだ。開幕に間に合わないどころか、阿部さんの長期離脱が決まった。

開幕直前の練習中に、僕は当時の原辰徳監督に呼び出された。投手によって使い分けるが、鶴岡さんと僕のふたりで捕手をまわしていくという方針を告げられた。全身にいろんな思いが込み上げてきた。待ちに待ったチャンスがやっと来たのだ。このとき、ものすごく興奮していたのを今でも覚えている。

僕はローテーションでいうと内海、それと新人だった澤村拓一両投手が先発するときにスタメンマスクだった。開幕2戦目に内海が登板することが決まり、僕は福岡・北九州での開幕2戦目・ヤクルト戦に先発出場。プロ13年目にして初めて、開幕カードでスタメン出場することになった。

2戦目とはいえ、僕にとっての開幕戦。これまで同様、「はじめの一歩」が大事だった。今までの野球人生で一番、自分自身にプレッシャーをかけた試合だったかもしれない。この試合で、もし投手が打たれて大敗でもしたら、僕はまた二軍に落ちる。そして、今度はいつ一軍に上がってこられるかはわからない。だから「はじめ」が大切なのだ。それくらいチームにとっても、僕の人生にとっても重要な試合だった。僕は自分自身に期待をしながら、プレッシャーもかけていた。野球生命にかかわる一試合になると思っていたし、ここで踏ん張れれば、崖っぷちからまた少し前進できる。

先発の内海とは、とにかくコミュニケーションをとっていた。内海という投手は、僕が入団2年目の頃からボールを受けてきたし、何度もバッテリーを組んだ高橋尚成さんから、左投手のことについて僕はいろいろ教わっていた。内海もチェンジアップや腕の使い方などを尚成さんから教わっていたので、球種や変化球の軌道も似ている。それに、オフに一緒に自主トレもやっていたので、内海も僕がどういう考え方なのかをよく理解していたし、スムーズに僕を受け入れてくれたと思う。尚成さんから内海へ。すごくいいタイミングだった。だから、リードも自然とイメージができた。

序盤は直球とスライダーを中心にリード。内角を突いた。中盤からは、緩いカーブを交える。これも話していた通りだ。バッテリーは息をぴったり合わせるという準備も大事だし、試合中も投手と捕手の共同作業をうまく実践できていた。内海は8回途中までマウンドに立ち、無失点の好投だった。最後は山口鉄也投手が締めた。

何とか結果を残そうと必死だったので、最後のアウトを取ったときは本当にほっとした。マウンドでみんなとハイタッチした瞬間は、疲れを忘れるほどうれしかった。ラミレス選手、高橋由伸さんの本塁打のおかげで試合は3－0で勝利。これで巨人は、開幕投手だった東野峻と鶴岡さんのバッテリーに続き、開幕2連勝を飾った。

何とかドラフト1位の剛腕に勝利を

4月15日の広島戦では、ルーキーの澤村と初のバッテリー。

「何とかドラフト1位の剛腕に勝利を」

と思ってリードした。澤村のストレートは力強く、マウンド度胸も新人離れしていた。7回途中まで自責点0の好投。僕もバットで何とか貢献しようとタイムリーを放ったが、満塁の絶好のチャンスで三振するなど、チーム全体であと一本が出なかった。その後、救援陣をうまくリードできず試合には敗れたが、澤村とも試合後にしっかり話し、今度こそ彼の良さを引き出そうと思った。

二度目の先発となった4月21日の甲子園での阪神戦。澤村は150キロを超えるストレートに、スライダーを随所に交える配球で7回1失点の好投。プロ初勝利を挙げた。内海や澤村が僕の意見を尊重してくれたおかげで、チームにも僕にも好結果が生まれることになった。

やはり、投手とのコミュニケーションがあってこそのバッテリーだと感じた。マウンド上だけではなく、

「あそこはこう思うんだけど、どう思う?」

などというさりげない会話だっていい。その投手が、

「そういえば(加藤が)言ってたな」

と、ふとした瞬間に思い出してくれれば、マウンドで生きることだってある

かもしれない。プレーボールの前から、戦いはすでにスタートしているのだ。阿部さんが復帰するまで、僕はこれまでの「経験」という引き出しで、後輩投手たちをリードした。

この年、僕と鶴岡さんだけではなく、同じように何とか土俵際で結果を残そうとしていたのが実松だった。5月に阪神の同学年、藤川球児からサヨナラヒットを放った試合があった。力負けせずに振り抜いていた。実松は「松坂世代」でも屈指のスラッガーだった。サヨナラヒットを打ったとき、僕はベンチにいたが、心からうれしかったし、みんなで頑張ろうという気持ちにもなった。「阿部さんが不在で負けた」と周りから言われたくないという気持ちが、僕たちを最後まで支えていた。だからライバルでありながら、鶴岡さん、実松、僕の3人で力を合わせて頑張れたんだと思う。

そうやって、このシーズンは3人で阿部さんの不在をカバーしたのだが、最終的にチームはリーグ3位。クライマックス第1ステージでもヤクルトに敗れた。スタートは良かったが、チームとしては厳しい結果となった。

球団からは開幕当初の働きを評価されて契約してもらえたが、ほっとするのはオフが終わるまで。2月からはまた新しい戦いが始まる。チームではだんだん年長になってきた。僕にとっては一試合一試合、本当に落とせない状況になっていった。

頼む、打ってくれよ

2012年も僕の出場機会は限られてきたが、自分のやることは変わらない。二軍で準備をし、5月と8月にそれぞれ昇格。一軍に出たときは、いつものように最初の試合で結果を残せるよう努めた。これまでのシーズンと同じだ。

チームには日本一奪回のため、FAでソフトバンクから杉内俊哉、横浜から村田修一を獲得。「松坂世代」の二人が加わったのは心強かったし、一緒にやれるなんて思ってもいなかったのでうれしかった。(矢野)謙次や久保裕也(楽天)、実松らと一緒によく飲みに行って、旧交も深めた。

杉内は三菱自動車長崎を経て、ホークスへ。修一は日本大学からベイスターズに入団し、チームの中心として活躍していた。プロ入りは僕より遅いが、二人ともすごい選手だなと思って見ていた。僕は入団直後、プロの投手のフォークボールが捕れないなど、戸惑いばかりで息が詰まることもあった。しかし、二人は新人のときから堂々としていて、すぐに結果を残していた。

だから、二人の加入は本当に心強かった。巨人で一緒にビールかけもして、喜びを分かち合いたい。こうして同じユニフォームを、「松坂世代」で着ることができるのも何かの縁だ。修一には僕の出ている試合で「頼む、打ってくれよ」と声を掛けたし、杉内とはバッテリーを組むこともあった。

僕は先に巨人を退団したが、修一は今季限りで巨人を退団することになった。本人もそうだろうけど、修一の自由契約にはびっくりしたし、さみしかった。

「陰ながらいつも応援しているぜー」

というメールを送ると、

「切り替えて前に進んでいくよ」

と、すぐに修一から返信がきた。僕はもう練習をしていないから、打撃練習に付き合ったり、ティーを上げたりすることもできない。だから、こうやって応援することしかできない。

杉内も股関節の手術を受け、リハビリを重ねている。2017年、一軍の復帰登板は叶わなかったが、僕は近いうちに、マウンドで元気な姿を見ることができると信じている。僕は杉内の最後の一軍登板となっている、2015年の甲子園での阪神戦でボールを受けている。そのときは勝利することができなかったから、早くまた白星を手にしてほしい。

二人とはよく一緒にお酒も飲んだ。杉内にはワインを勧められ、勉強して少し覚えたが、今でもワインを飲むと僕はすぐに酔ってしまう。早く修一の新天地での活躍と、杉内の復活勝利の祝杯をあげたいし、いろんな経験をしている同級生だ。アドバイスなんてできないが、どこかでこそっと試合を観に行きたいなと思っている。

そんな二人が優勝請負人としてやってきた2012年のチームは、杉内のノーヒットノーランなどもあり、交流戦を優勝。シーズンを通して好調で、リーグ優勝、クライマックスも突破。日本ハムとの日本シリーズに駒を進めた。

GIANTS
KEN
YOMIURI
GIANTS
GIANTS

審判の判定は死球

僕は、2008年以来となる日本シリーズに出場する機会に恵まれた。負傷した阿部さんに代わり、第5戦に途中出場することになったのだ。

相手は日本ハム。そしてあの一連の騒動が起きた――。

4回無死一塁。マウンドに立っていたのは、同じく「松坂世代」の多田野数人投手だった。僕が打席に入ると、多田野の投げた球が頭部付近を目がけてやってきた。僕はバントの構えで体重が全部前に乗っていたので、すぐに避ける体勢に持っていけなかった。過去に頭部死球も2回あったが、09年は避けきれず担架で運ばれた経験もあった。

その恐怖心が僕の頭をよぎった。ボールが顔面を目がけてやってきて、とっさに目を閉じた。次の瞬間、ヘルメットに何かが当たった。ひじも痛い。

当たったのか……？

でも、何が起きたのかは瞬間的にわからなかった。

審判の判定は死球。多田野には危険球退場の判定が宣告されていた。僕は一塁に行った。当たったのか？　当たっていないのか？　ただ、頭は痛くない。構えていたバットが、ヘルメットに当たったような感じもした。ひじも擦り傷だった。一体、何が起きたのか？　チェンジになって、ベンチ裏に戻って映像を見た。ボールは僕のどこにも当たっていなかった。

それなのに、多田野が退場になっている事実を、僕は重く受け止めた。負けている展開で終盤のリリーフ。多田野も僕と同じく、今後の野球人生を左右する崖っぷちの立場での投球だったんだと思う。

もしかしたら、あの試合以降、多田野は指先の感覚が狂うようになってしまったかもしれない。

あのとき審判をされていた方も、その後、一瞬のジャッジに迷いが出るようになったかもしれない。

二人の人生のリズムを狂わせてしまうプレーだったと思っている。

ただ、現役中は何を言っても言い訳になるので、この件に関して発言は控えていた。僕は演技をしたわけではなかったが、過去の頭部死球がフラッシュバックして、倒れ込んでしまった。目を開けると審判は死球と判定していた。

勝負の世界で、ましてや日本シリーズの大詰めの場面だから、投手だって簡単にバントをやらせるわけがない。その場にいた全員が無我夢中で戦っていた中で起きた出来事だった。

チームは3年ぶりの日本一になったが、僕には後味の悪さが残った。

僕はこの日本シリーズの出来事が、引退するまでずっと心に突き刺さっていた。逆の立場なら、僕も観客席からブーイングしていただろう。

でも、いつかはこのときの心境を伝えたいと思っていたので、この場を借りて自分の気持ちを説明させていただいた。

2013年、前半戦は一軍にいたが、出場機会はそう多くはなかった。交流戦直前で二軍行きを伝えられ、楽天から来た井野卓捕手が起用されていた。終盤も井野がマスクをかぶっていた。優勝マジックが1になったときも、井野が杉内と組んで優勝が決まるんだろうなとテレビで見ていた。しかし、そこで優勝が決まらず次戦に持ち越された。

「今年も優勝目前だな……」

息子を寝かせようとしているときに、球団から連絡が来た。そして「明日、ドームに行くように」と言われた。

「また必要とされる瞬間が来た！」

うれしかった。

「試合にも出られるんじゃないか」

とも思って、電話を切った瞬間から眠るまで、菅野智之投手とバッテリーを組んだイメージで攻め方を練ることに取り掛かった。

またチャンスが来たのだ。

僕は、チャンスの多い少ないは、考え方ひとつで変わってくると思っている。

予想通り僕は即スタメンで、エースの菅野とバッテリーを組むことになった。しっかりとゲームを作ることもできた。途中からは阿部さんと交代して、巨人はリーグ3連覇を達成。

阿部さんからは「健、悪いな」と言われたことをよく覚えている。

そんなことはない。優勝争いができたのも、前半阿部さんが元気な姿で巨人のホームベースを守っていたからだ。

阿部さんの一言は、ベンチで僕の前を通るときにさりげなく言われた。捕手はひとつのポジションしかない。でも一緒に戦っていると思えた瞬間でもあり、うれしかったのを覚えている。

第5章 勝負

勝負はシーズンに入ってからだ

時が過ぎるのはあっという間だ。16年目のキャンプイン、そして14年シーズンが始まった。20代のときは、

「キャンプで結果を残して、開幕一軍入りを勝ち取るぞ！」

これが当面の目標だ、という気持ちだった。しかし、30歳を超えたあたりだろうか、キャンプインから開幕までの心の持ち方は変化していった。

アピールをして、１００％を出し切ろうというのではなく、まずは怪我をしないこと。怪我をしたら勝負にならないからだ。次に、技術を高めること。この二点に重点を置いた。

一軍キャンプは監督ら首脳陣が見たい選手、つまり〝新商品〟が招集される。僕は二軍キャンプの参加になることは想定の範囲内だった。1月中旬には自宅

に封筒が届き、一、二軍の振り分けの発表が伝えられる。そこで驚きもしなければ、特別な期待もしていない。もう自分のやるべきことはわかっていた。勝負はシーズンに入ってからだ。だから、キャンプ一軍には期待していないし、

「チャンスはシーズン中に必ず来る！」

と自分に言い聞かせる。

「開幕二軍スタートであっても、一軍切符は絶対に手元に来る！」

そのチャンスのときのために「頑張れ！　自分」と心で唱え、自らを奮い立たせた。一方で、心のどこかでは、チャンスがゼロの一年になるかもしれないという想定もしておく。もし仮にそうなった場合は、

「今までのプロでの経験は、次のステップである今後の野球人生に、いや野球以外の人生にだってつながる」

と前向きに言い聞かせる。二通りの「頑張れ、自分！」という気持ちで、僕はシーズンに入っていく。やはり野球はメンタルが重要なスポーツだと思う。

キャンプでも、若いときのような、くたくたになりながらの激しい練習は少なくなってきた。07年の秋のキャンプで肩を脱臼し、緊急帰京して以降、ダイ

ビングキャッチなどの飛び込む動きも控えた。ベテラン扱いとして、メニューも上から一任されていた。

だが、ベテランの年齢ではあっても、時には自分で追い込むことも必要だ。やるか、やらないかというのは自分次第だし、ここでダメならクビなのだ。

打撃練習では新しいことを試み、感覚を研ぎ澄ませることに集中した。昔は「遠くに飛ばす」「いい当たりを打って首脳陣にアピールしよう」という意識が強かったが、15年目くらいからは、ボールを捉える感覚を重視してスイングを研究するようになり、自分なりの打撃理論も固まっていった。

僕の感覚では、ボールを上からバットでつぶすイメージでスイングをすれば、球速によって打球の飛び方が違うことがわかってきた。わかりやすい例を言うと、１４５キロの速球だと、いい感触と角度でボールが飛んでいくが、遅い球を打てば、ボテボテのゴロの当たりになってしまう。こういうことを、身を持って体感できるようになってきた。

若い頃のような、アピールだけが目的のバッティング練習では、崖っぷちからはい上がるワンチャンスの打席、ここぞという場面では通用しない。打撃投手の球を気持ちよく打って、飛距離を出しても仕方がないのだ。僕は、練習では飛ばなくてもいいので、とにかく打撃における〝感覚〟を大事にしようと思って取り組んでいた。

他にも、小さい曲がりの変化球をどう待って、どう捉えるか。そういったことを二軍のキャンプで試して、一軍の試合で実践するという目的で練習をしていた。いくら練習で良くても、試合で結果が出なければ意味がない。しかし、あまりにも練習で打撃のレベルが低ければ、試合には使ってもらえない可能性もある。そこは難しいところでもあった。

若い頃も、打撃のプロセスやメカニズムについて考えてはいたつもりだったが、なかなか新しい発見を感じることは少なかった。打席で結果が出て「なぜ、こういう形でヒットが出たんだろうか？」というのは、漠然としか考えていなかった。だから不振に陥ると、どうやって修正すればいいのかがわからなかったし、凡打でも三振でも一打席一打席の価値がよくわかっていなかった。

だが、ベテランと呼ばれる領域に入って、考える打撃練習を増やしたことで、「これなら一軍の投手が相手でも通用する」とか「このスイングでは通用しない」とか、少しずつ打撃に対する理解や引き出しが、今までに比べて増えていったように思う。16年目になっても、技術が上がっている感覚があった。

自分の体と相談しながらのキャンプにもなっていた。体もうと思えば休めたし、足りない部分は自分が打ちたいときにマシン打撃をした。16年目になって、首脳陣から少しは信用されてきたのかなという感覚もあった。

当然、体のケアもしっかり行った。怪我をしたら、首脳陣から〝計算できない商品〟として扱われてしまう。いつも腰などを痛めている印象を与えたら、そういう目で見られることになる。使う側に立って考えてみれば、当然、一年間を通して〝計算できる商品〟のほうがいい。だから、ストレッチポールやマッサージ機などに自己投資した。トレーニングコーチと相談しながら、自分の体に合ったものを購入した。

若いうちは「動け」と言われれば、素早く機敏に動けていたと思うが、30歳を超えると、なかなかそうはいかなくなった。頭では動けると思って体を動かしていても、以前より少し時間がかかっているような感覚もあった。

それでも僕は「行け」と言われたところで、結果を出さないといけない立場。

野球は〝間〟が多くあるスポーツだ。その空いた時間を利用して、マッサージ器を使って体をほぐすことに専念した。体が動かなければ話にならないからだ。

与えられた場所こそが僕の試される場所

14年シーズンも、開幕は二軍でイースタンの試合に帯同した。自分より若い捕手も多く、僕はスタメンではなく、あっても途中出場がほとんどだった。だが、与えられた場所こそが僕の試される場所。そこで結果を出すだけだ。

マスクをかぶるイニングは短い。ただ、少ないチャンスをものにしようとするスタンスは、一軍であろうと二軍であろうとどこでも変わらない。それを示すように、僕は二軍で2年連続、チームのシーズン1号本塁打を放っている。

この年は、横須賀スタジアムでDeNAと対戦し、左腕の砂田毅樹投手から、7回にバットを折りながらレフト席へ本塁打を運んだ。インサイドにカット気味に入ってくるボールだった。砂田はこの球種に自信があったのだろう。高い確率でインサイドに投げてくる予感がしていたので、僕の中ではイメージができていた。「それを狙おう」と決めた。

そのボールを捉えるためには、いつも以上にヘッドを立たせることを意識して、リストをうまく返して打ったほうがいい。いつも通りのスイングでいくと、少し曲がってくるあたりで詰まるんじゃないかと分析した。だから打席では、バットをより縦に使うように強く意識しながら手首を動かし、そして普段以上にリラックスして構えた。

すると、意識付けがうまくいき、コンパクトに振り抜けた。狙ったボールを一球で仕留めることができた。しかも、カウントは1ボールとあって、長打を狙ってもいい場面。ここで二塁打とかを打っても、代走を送られて僕の出場は終わる。大きい当たりを狙ってもいいカウントだったので、勝負にいった。

だが、これが追い込まれた局面なら、打席で少し狙いに変化を持たせなければならない。ホームラン打者なら一発を狙っていいかもしれないが、僕は下位打順。そういう場合は、投手に球数を投げさせるなど、状況に応じて変化を見せなければいけない。それがチームなのだ。捕手目線で一球一球、状況を考えることで好結果が生まれる。その積み重ねが自信となり、打撃をいい状態で保てていた。まだまだ、自分の技術も捨てたもんじゃないなと思えた。

前年のドラフト会議で、巨人は阿部さんの後継者として、1位で日本生命の小林誠司捕手を指名。阿部さんも首や肩を痛めていたため、首脳陣は一塁と捕手の併用を考えていた。

小林が入ってきたので、僕の頭の中では自然とシミュレーションが始まる。

「勝負はキャンプではないんじゃないか」

「首脳陣は小林という〝新商品〟を試すはずだ」

「俺が球団の上層部でも、小林を育てないといけないと考えるだろう」

「シーズンが開幕しても、すぐに俺が一軍に呼ばれる確率は低い」

こうして僕は、慌てることなく自分の練習に専念することにした。

昇格があるとすれば、シーズン前半あたりかもしれないし、勝率5割のラインを行ったり来たりでなかなか勝てないようだと、流れを変えるために違う人間を使ってみようという空気になるかもしれない。そういう場面で、僕が一軍に上がる可能性が高いと思った。反対にチームの調子が良ければ、阿部さんや小林の状態も良いということなので、僕は二軍暮らしが続く。そんなイメージをしながら黙々と準備していた。

打たれてもいいよ。思い切ってこい

14年シーズンは、阿部さんが捕手で104試合、先発マスクをかぶった。阿部さんが一塁に入るときは、小林が29試合に先発出場。ほとんど、この二人が先発だった。阿部さんの状態を見ながら、僕や実松が数試合に出場するという起用法だ。6月中旬に一度、一軍に上がった。だがすぐに二軍落ち。その後もしばらくファーム暮らしだったが、僕の中では想定の範囲内だった。

有事に備えるための準備が僕の主な仕事だったので、自分の存在感だけは出しておかないと、来季の契約はないかもしれない。二度目の昇格はシーズン終盤の9月、優勝争いの真っ最中だった。主に内海が先発する試合では、阿部さんでも小林でもなく、首脳陣は僕を使ってくれた。そして、9月12日のDeNA戦では内海とバッテリーを組んで完封。気心の知れた左腕は、僕の立場を理解して一生懸命投げてくれたんだと思う。

この試合で勝てたので、次の内海の先発でもスタメンの切符をもらえるかもしれないと、すぐに次の試合のことを考えていた。そして、9月19日のヤクルト戦でも内海とバッテリーを組んだ僕は、バッティングでも結果を残した。0−0の4回無死一、三塁、ヤクルトの左腕・石川雅規さんからセンター前へ先制のタイムリーヒット。シーズン初打点をマークしただけではなく、この日は2安打を放つことができた。

起用された試合で何とか爪痕を残すことが、次につながる最良の方法だ。これまでのキャリアで培ってきた、一瞬のチャンスをものにする術が生きた。この試合でチームは優勝マジック6に。ほんの少しだけだが、優勝に貢献することができた。

この試合では、お立ち台にも上がった。長い二軍暮らしのことや、若い投手

GIANTS

と向き合った日々の情景が自然と脳裏に浮かんできた。この年、二軍で周りを見渡せば、自分よりも若い選手だらけで、僕と初めてバッテリーを組むという入団1~3年目くらいの投手が多かった。

そこではいろんな発見があり、勉強もさせてもらった。育成制度や三軍ができて、僕はファームで「はじめまして」と挨拶されてから、投手と組むことも多かった。10歳以上も年が上の捕手と組んだら、若い投手は先輩のサインに対して、素直に首を縦に振るしかない。自分の考えとは違うのに、うなずく投手もいるのではないかと思った。

僕はそれが嫌だった。最初は仕方なく僕のサインに従っていたとしても、うなずき方や表情、一瞬の〝間〟を見て相手に興味を持つことで、僕はその投手の考えを理解しようと努めた。育成選手にとって二軍のゲームで投げることは、飛躍への大きなチャンスでもあり、結果次第では、逆にたった一日で三軍行きになるかもしれない重要な場面でもある。会話をしたこともなければ、名前を聞いたのも初めての相手だからといって、適当に扱うわけにはいかない。

まず、先発投手ならば試合前に話し、リリーフならばマウンド上の少ない時間の中で話をして、自分なりにイメージを作る。勝負球を含めた球種、使用する優先順位を聞き、パパッと配球を組み立てる。5球の投球練習で球の質や曲がり方など、マウンドで話したことと重ね合わせながら、またイメージを微調整するのだ。

初コンビだと、一瞬だけでは特徴がなかなかわからない。ピッチャーは、自分が思っているほどボールが良くないときもある。受けている捕手、打者から見た印象とズレがあるのだ。

例えば、本人がスライダーやフォークがいいと思っていても、投球練習を受けたとき、その投手の決め球として使えるのはカーブだと感じたとする。だが、勝負所でのサインなら、一回も組んだこともない話したこともない相手に、自分の意見を上から押し付けることはしたくない。自分で一番、自信のある球を「こそ」というときに選択してほしいと伝えるのだ。

「一通りの球種を出すから、そこで自信のある球種のときにうなずいてくれ」

「だけど、状況や何球か受けた感覚で俺も判断するぞ」

もちろん、後輩が嫌ったサインに、今はこっちの球種のほうがいいと思うこともある。「そのときは、俺を信じて投げてきてくれ」とも伝えていた。サインが決まったら、どっしり構えるだけ。「打たれてもいいよ。思い切ってこい」と安心感だけは与えるよう常に心がけた。２００６年に僕が上原さんから感じたことや教わったことを、同じように僕がファームの若手にやっていた。

ノーサインでいくからな

若い投手は置かれた状況、緊張具合で投球の中身が変わる。僕のサインひとつで運命が分かれることだってある。だから、僕も指一本でサインを出すことに、常に重責を感じながらプレーしていた。

２０１７年、イースタンで９勝を挙げ、ファームながら最多勝を獲得した今村信貴投手という若手左腕がいる。今村と組んだときのことも思い出深い。僕は、一度今村を叱責したことがあった。

今村は元々優しい性格の持ち主なのだが、マウンド上でも僕のサインに嫌な顔をせず投げてくる。僕のことを信頼してくれていたのかもしれない。でも、今村がもっと成長するためには……と、ある日、わざと試合中に強い口調で言った。もっと研究心を持って、打者（人間）に興味を持ってほしかった。そうすればいろんな発見があるのではと思い、僕は荒療治に出た。

「次の1イニング、コースだけ（サインを）出す」

「それ以外（球種）はノーサインでいくからな」

首脳陣には、このやりとりは伝えていない。後ろに逸らすようなことがあれば、僕の責任だ。ノーサインになると、投手が何の球種を投げてくるかわからないのだから、当然こちらもリスクを負うことになる。

ただ、それ以上に、今村には自覚を持ってほしかった。

「俺の配球で違うと思ったら、首を振れ」

といくら言っても、首を振らない。奮起の怒りを込めて、今村に返すボールを力強く、思いっきり投げ返したこともあった。僕に任せるという気持ちを持ってくれていたのかもしれないが、もっと自分の意思を出してほしかった。今村がどう考えているのか知りたかったし、自分自身でいろんなことを感じてほしかった。

試合の状況や打者のタイミング、打席のつながり、空振りを狙うのか、ファウルゾーンに投げるのか、ストライクにも見逃し、空振り、ファウルの三種類がある……もっともっと様々なことに興味を持ってほしかった。

僕はコースのみサインを出し、球種はノーサインで今村の自由に投げさせた。今村は持っているストレート、スライダー、カーブ、フォーク、すべての球種を投げてきた。ノーサインの1イニングは点を取られなかったし、今村は剛速球投手ではないので、僕が後ろに逸らすこともなかった。これは、二人だけしか知らない。

僕としては、今村が何を投げてくるのかわからなかったから、そこで無言のコミュニケーションがとれたし、今村の考えも僕に伝わってきて、すごくプラスになった瞬間だった。人に興味を持つということは、野球でも社会でも、本当に大切なことだと僕は思う。

2014年は、9月の一軍昇格など、僕は10打数4安打、打率4割。少ないチャンスで結果を残すことができた。ポストシーズンは阪神に敗れたが、この年の契約更改では年俸が少しだけアップした。登録は少なくても、一軍に行って数字を残したことや、腐らず常に準備していたことなどを、球団に評価してもらえたのかもしれない。

一軍での出場試合数も少なかったが、二軍でも35試合にしか出ていない。もしそこで腐った姿を見せていたら、また違うオフの過ごし方になっていた可能性もある。そういう意味では、ファームの若い投手たちにも感謝を伝えたい。

シーズン終盤、最後の崖っぷちのチャンスで結果を残せたから、僕は契約の席に座れたんだと思っている。

「この年、もしかしたらチャンスがないかもしれない……でも頑張れ」

と自分を奮い立たせ、最後の最後でチャンスをものにできたのだ。だから、来年が本当の意味での勝負だなと、逆に強い危機感を持った瞬間でもあった。

また捕手の誰かが、補強で他のチームからやってくるな

2015年は忘れられないシーズンとなった。なんとプロ17年目にして、試合数も安打数もキャリアハイの数字を残したのだ。十数年ずっと崖っぷちを歩いてきた僕が、プロ野球人生の晩年に、自分の経験を存分に生かすことができた。だから野球は面白いし、どんなことがあっても腐らず、明るく前向きに続けてきてよかったと思ったものだ。

このシーズンは、阿部さんが捕手でプレーすることが困難だという判断で、内野手登録となった。小林を一人前に育てるというチーム方針だった。

ということは、また捕手の誰かが、補強で他のチームからやってくるなと思っていたら、その予想通りFAで横浜、ヤクルトで活躍され、17年シーズン限りでユニフォームを脱ぐことになる相川亮二捕手が加わることとなった。

小林がレギュラーで、相川さんも積極的に使われる。そこに一人若い捕手を育てようとすれば、僕は4番手以降の存在……。起用法は容易に想像することができた。

でも、もしかしたら、これまでとはちょっと違って、一軍に呼ばれる時期は例年よりも早く、前半戦の早めに来るかもしれないという予測も立てた。だから、キャンプでも前年よりは少し早めにエンジンをかけはじめていた。

僕が二軍ですするべきことは、まず怪我を絶対にしないこと。捕手の中では、打撃成績は高い位置にいることのふたつだ。僕は、いつ呼ばれてもいいように状態を仕上げていた。

ではなぜ、出番が早めに来るかもしれないと考えたのか？

たしかに捕手の駒はいる。ただ、阿部さんがマスクをかぶっているのとそうでないのとでは、他球団からすれば全く恐怖感が違う。長く扇の要だった精神的支柱が、正捕手の座にいないということは想像以上に大きい。同じ捕手としてそばで見てきた僕が、それを一番よくわかっているつもりだ。

年間で140試合以上も戦い、主軸として3割、30本、100打点を続けてきた選手だ。これほどの捕手は、なかなか球界に出てこないし、巨人の投手陣のことも知り尽くしている。小林や相川さんも球界を代表する捕手ではあるが、僕か実松か、チームに長くいる人間が、サポート的な立場として必要な時期は必ず来るだろうし、それは意外に早いのではないかと思ったのだ。

球団としては、小林が成長してくれるのがベストだが、世代交代は、そううまくは進まなかった。実松ともよく一緒に話をしていて、僕と意見が一致したのは、阿部さんのコンバートは「さみしい」というものだった。今までは阿部さんがいたからこそ、僕たちは、

「どうやったら、この世界で生きていけるのか」

ということを突き詰めて考えてきた。そのおかげで、生き抜くための引き出しが増えたのだ。阿部さんが捕手ではなくなったことに「よし」と思ったのも事実だが、僕たちの生き方や在り方にも影響が出てきていた。

ここ近年、僕も実松も〝レギュラー奪取〟はいったん脇に置き、

「どうやって、阿部さんが不在のときにみんなでカバーしていこうか」

「一軍で2番手として出場するためには、どう攻めていこうか」

と考え、想像しながらやってきた。これまでの16年間、積み上げてきたからこそ成せる業《わざ》だったと思う。しかし、突然やってきた阿部さんのコンバートに、自分のルーティンも崩れていくように感じていた。

3番手捕手が育ったら、そこに僕の出番はない

やはり、僕の予想は当たった。阿部さん不在の影響は大きく、僕は早くも4月中に一軍へ呼ばれた。6試合の出場に終わった2014年のような形で15年シーズンも終わったとしたら、僕は巨人を辞めざるを得ないという危機感を持っていた。そうなると、自分はもう必要ではないということだし、チームにとって大切な小林も、間違いなく成長しているはずだ。もし僕が10歳若かったなら、球団や小林に対してそんな考えはできなかっただろうが……。

いずれにせよ、3番手捕手が育ったら、そこに僕の出番はない。だから前半

のどこかで、早くチャンスが来ることを願っていたのだ。そのシーズン最初の出番で、僕の命運は決まる。スタートが良ければ、またアピールする期間も増える。チームの勝利に貢献できれば、来年の契約が獲れるかもしれない。僕の中で、引退を懸けた戦いがスタートした。

4月25日のヤクルト戦。神宮球場だった。先発した田口麗斗投手が4回途中5失点。先発捕手だった実松とともに、早々とバッテリーごと交代をした。僕は途中出場で守備から入った。バッティングは2打席チャンスがあり、この日完封勝利した石川雅規さんから2安打を放った。石川さんが得意とするチェンジアップとシュートを捉え、マスクをかぶってもリリーフ投手を無失点に導いた。

逆転はできなかったが、次につながるリード、打席をこなすことができた。その後、阿部さんが捕手に一時的に復帰するなど、チーム事情で二軍に1か月落ちたが、最初のスタートが良かったから、どこかのタイミングでまた呼んでもらえるのではないかと思っていた。

シーズン初対戦が石川さんでよかった。もちろん石川さんは疑うこともない好投手だが、僕はどちらかというと左投手が好きで、前年も石川さんからタイムリーを放った経験があった。僕は恵まれていた。これが、もし苦手な投手と最初に対戦していたら、希望の光は射してこなかったかもしれない。今年はいい流れになりそうだし、運もあるのかなと感じた。調子を落としたり、ミスをしたりして二軍に落ちたわけではないので、すぐにチャンスが来ると思った。そして、また一軍へ呼ばれた。

再び一軍に戻ったのは6月7日。二軍の静岡遠征のときだった。試合前の打撃練習をする直前、当時の岡崎郁二軍監督から「今からドームへ行け」と告げられた。どうやら阿部さんの体の状態が良くないらしい。当日の様子を見て、抹消するかどうかを決めるとのことだった。

急遽、昇格が決まったため、急いでホテルに戻って準備をした。野球道具を全部持って、駅では人が大勢いるところをかき分けながら、新幹線に飛び乗った。東京ドームに到着したときには、すでに一軍の試合は始まっていた。デーゲームだったから、もう3回をまわっていた。重い荷物を両手に持っていたので腕はパンパンだ。その日は9回の1イニングだけ守備についた。

この瞬間から、一球、一打席、一試合、僕にとって選手生命を懸けた大事な戦いが始まった。

一瞬が勝負だ。ヒットが一本でも出れば、また次の日も一軍にいられる。それを目標に戦った。何度も何度も、その気持ちだけで出場機会をつないでいった。その後、試合のクロスプレーであばら骨にひびが入るアクシデントもあった。トレーナーの皆さんの治療のおかげで、痛みは我慢できた。これで痛いなどと首脳陣に言えば、僕の出番はなくなる。代わりなんていくらでもいるのだ。「これくらいの痛さならいける」という思いしかなかった。

「絶対、二軍には落ちたくない！」

「このチャンスは逃したくない！」

僕は必死だった。一般の方は真似をしてはいけないが、いつの間にか「ひびが入ったくらいなら、これくらいのプレーはできる」という感じで、ちょっとした骨折くらいは気にしない心身になっていた。

6月は小林が二軍落ちするなど、相川さんが一軍でマスクをかぶることが多かった。僕の出番はそう多くはなかったが、流れを変えるための出場は続き、そこに全力を注いだ。小林の二軍落ちは、勉強のためという一時的な措置なのではないかと勝手に想像していた。

次に小林が上がってきたときは、小林と相川さんの併用になり、僕が試合感覚を養う機会も減っていった。このままでは、ますます試合に出られなくなる。そうなったら、まずい。僕はいつものように、試合では結果を残し続けることしか考えてなかった。その後、相川さんが骨折離脱したので、僕は二軍落ちすることはなかったが、崖っぷちの戦いが僕の本能を刺激し続けた。

17年目の猛打賞に「遅い！」

阿部さんが戦列に復帰すると、僕と小林の3人態勢でシーズンが進んだ。阿部さんの体調が完璧な状態には戻らなかったため、捕手での起用は限定された。小林と僕が捕手として出場する流れだった。17年目でプロ初の猛打賞もあった。

3安打が2回だった。規定打席には到達していないが、打撃の調子も良く、その結果、打率が3割8分を超える時期もあった。17年目の猛打賞に「遅い！」というツッコミを受けながらも、みんな喜んでくれていた。

実は2014年くらいから、僕の中で打撃の状態が良くなっている実感があった。ずっと控えの捕手人生だったが、多くの試合に使ってもらえたことで、いろいろ試した結果が出はじめ、打撃が良い方向に進んでいった。僕はシーズンを通じて過去最高の35試合、83打席に立つことができ、バッティングでは「これだ」と思える感覚にも出会った。打席を重ねる中で「これがいい、あれがいい」と確認、答え合わせをできたのが大きかった。

例えば、阪神のメッセンジャー。僕は150キロを超えるような速い球を打つのが苦手だった。なかなか対応ができなかったのだ。そんなとき、（坂本）勇人がたまにグリップを握った右手と左手を、少しだけ離して打ち返しているのを見たことがあった。その理由を勇人にも聞いて、自分なりに研究もして、メッセンジャーのときに試してみたら、力強いストレートに負けずに弾き返すことができた。少し右と左の手を離すことで、リストターンが速くうまく使えるようになったのだ。右手を返しやすくなって、メッセンジャーの強いボールにも負けないスイングが生まれた。

ただ、変化球のときに同じ感覚で打っても、イメージ通りにはいかなかった。メッセンジャーは上背もあるため、カーブはすごい高いところから落ちてくる。判定はストライクなのに一度、屈伸をしてしまったこともあるくらいの落差がある。だから、カーブのときはいつも通りのグリップに戻して打つようにした。僕は捕手だ。スコアラーからもらったデータも見ながら、イメージして配球を読み、カーブとストレートでは気づかれないよう、うまくバットの握り替えをしてメッセンジャーに食らいついた。

僕が出場するときは、ほとんどが8番打者。相手先発投手は、クリーンアップほどのボールを投げてこない場合が多い。メッセンジャーも、他の主軸に投げるボールより2～3キロ遅いストレートに感じた。それを何度か打ち返し、対戦成績は10打数4安打と相性が良かった。

しかし、メッセンジャーに対して、僕からやたらとヒットが出るので、阪神ベンチにいたかつての盟友・鶴岡さんが、ベンチから僕に聞こえるように「メ

YOMIURI
ZETT

ッセンジャーキラーだ！」と叫んでいた。メッセンジャーはそれに気がついた。実は、ベンチで鶴岡さんが、「いつもカトケンに打たれているな」という話をしていたようだ。その言葉を聞いたメッセンジャーは、すごい速い球を投げてきた。それからは抑えられてしまったような気がする。

下位打線は普通アウトになる確率が高い。だが、そこで上位につながれると失点になるケースが多いから、取れるアウトは確実に取らなければならないのだ。ただ、「僕もそろそろカーブが来るんじゃないかな」といろんな準備をしていた。それは、ある意味「余裕」なのかなと思う。結果もついてきて、心に余裕もあったから、相手の変化が見えたり、球種を絞り込んだりすることもできたのだろう。結果が出ていないと余裕がない分、焦りから何も試せなくなることが多い。

二軍選手や若手は、一軍で勝負して結果を出し、居場所を少しずつ作っていく。だから打席では、内容も結果も求めないといけない。無駄にしたり、ゆっくり試してみたりするような打席はひとつもない。昇格しても、1試合4打席を何度も経験させてもらえるほど、甘くはないのだ。いつまでもチャンスがあるわけではない。そのうち、チャンスは代打しかなくなっていく。それで一、二軍を行ったり来たりの生活になる。

この年、僕に良い成績が出ていたのは、一軍に長い期間、居続けられた余裕があったからだ。そのおかげで、打席での対応能力が身についていったんだと思っている。

〝椅子〟なんて、あっという間になくなっちゃうからな

一軍に長くいられたことで、これから巨人を引っ張っていかなくてはならない小林と、いろんな話をする時間も持った。

このときの小林のように、入団2年目の選手は野球をしながら、たくさん吸収していく時期だ。チーム内にいる投手40人全員の性格を把握するには時間がかかる。大人しそうな人がマウンドでは怒りやすかったり、練習と試合で人間

性が変わったりすることもある。

配球面で周りから「工夫しろ」「単調だ」などと言われることが多いのは、若手捕手の宿命だ。しかし、やってはいけないミスもある。一人ひとり考えも違うし、配球に正解なんてない。打たれても抑えたとしても、それを振り返る反省は必要だと思う。もうこれでいいと思ったら成長はないからだ。僕は、「自分の好きなようにサインを出せばいい」という気持ちで小林を見ていた。

配球は捕手ばかり責められることが多いが、出したサインに投手も納得して投げているのだ。小林は小林のやり方で、これからも今までやってきたことを信じて続けていけばいいと思っている。

ただ、僕の経験からアドバイスしたいことは、プレーボール前のコミュニケーションの大切さだ。その場のサインひとつで、人を納得させるのは難しい。自分はこの球種がいいだろうと考えていても、納得してくれない投手もいる。そういう自分の選択を、投手に納得させるのも捕手の仕事だし、様々な人から意見を聞いて、試合に生かしたほうがいいと思う。だから、人に興味を持つことで、いろんな発見があるのだと小林には伝えたい。

僕は小林がシーズン中、一生懸命に努力している姿を見てきた。小林が損をしているなと思ったのは、必死にやっているのに、他人の目にはそう映らないところだ。でも、実は小林はロッカーで、僕にもたくさん質問してきていた。打たれたときは、

「あそこでは、こうしたほうがよかったですか？」

「加藤さんだったら、どうしますか？」

と、よく聞いてきた。もっともっと成長したいという思いが伝わってきた。小林は心配性なところもあるので、少しでも助けになれればと僕の経験を伝えた。ただ、これだけ小林が野球のことや人のことを考えているのに、周りに何も伝わっていない。

「少しだけでもいい。別にアピールする必要はないけど、周りに伝わったほうがいいんじゃないか？」

と小林に言ったこともある。2年目の小林は、少しずつ人に興味を持ってきていたので、変わろうとしているのかなと思ったからだ。

「お前にはレギュラーという〝椅子〟が目の前に用意されている。今、そこに

座らなかったら、一体いつ座るんだ？」

「〝椅子〟なんて、あっという間になくなっちゃうからな。その〝椅子〟に座ることができたら、4〜5年は安泰。成長しなかったら、野球人生が終わっちゃうよ」

「俺は17年間、〝椅子〟なんてなくて、常に崖っぷち。ひとつサイン出して打たれたら二軍行き。お前にはそれがないんだから、頑張れ！」

そんな話を小林には伝えた。

誰か若手が育ってくれれば、引き際かとも考えていたが、これまでで最高の成績を残すことができた。優勝は逃してしまったが来年、契約してもらえる活躍はできたかな、と思った。ただ、来年もこのままの流れで契約が進むなんて全く思ってはいない。安心したのは、今この一瞬だけだ。僕はまた、不安と背中合わせの崖っぷちの戦いに向けて、準備をしていく。

第6章
通告

ベテラン3人のうちの誰かがチームを去るんだろう

キャリアハイで終えた翌年。僕が今まで描いてきたイメージとは全く違う出来事が起きた。

若くはないので、毎年そのシーズンをどのように過ごしていくのか、良いイメージと悪いイメージの両方を持って、キャンプから開幕に備える。出番が最後の最後まで来ないという悪いほうのイメージであっても、何とか最後は一瞬のチャンスをものにして、崖っぷちから生還。そして、来季への契約を摑む流れを思い描くことが多くなってきていた。

高橋由伸監督が就任し、阿部さんが内野手登録となった2年目のシーズンだった。開幕一軍は小林と僕、それから後輩の河野元貴選手だった。しかし河野、そして僕も一試合だけ出場し、4月中頃に二軍に落ちた。6月末に再び昇格するも、7月に一試合だけ途中出場して10日で二軍落ち。

4月の降格は、またどこかでチャンスがある、と考えていたが、上がってすぐに落ちた7月の抹消は予想外だった。チームがなかなか波に乗れないときは、僕がスタメンで出場するのではと準備をしていた。そのチャンスでチームと自分に良い流れを持ってくることができれば……とイメージしていた。

いつもなら「そろそろ、先発出場があるな」というタイミングがあり、より一層、準備に励んでいたのだが、スタメンはなく途中出場で終わりだった。結果的に7月3日のヤクルト戦（秋田）が一軍でのラストゲーム。今まであったチャンスらしいチャンスが来なかった。ここ最近でシーズン終盤に呼ばれないことはなかったので、だいぶ近づいてきたな、とクビを覚悟しはじめた。

一年一年が勝負だと思って戦ってきた。ただ、昨年はクライマックスにまで出場させてもらい、今年も「やってやる」という気持ちになっていた。出場機会も多かったから、自分の引き出しも、かなり増えていた。主戦捕手が小林であったとしても、自分の経験は必要とされると思っていたし、チームに貢献できる自信もあった。

しかし、現実は3番手捕手どころか、二軍戦にも起用されない状態だった。自分の優先順位はどんどん下になっていく。将来性を期待される宇佐見真吾捕手がドラフト4位で入団し、控え捕手には相川さん、実松、そして僕とベテランが3人もいた。

小林がいて、若手も育てなくてはならない状況下だ。会社としては、ベテランは3人も必要ないのかな、と思った。16年シーズンが終わる頃には、ベテラン3人のうちの誰かがチームを去るんだろう、という予想はできた。戦力として見てはいても、チームの編成上はどうだろうかと想像した。中でも、僕が一番その確率が高いのかなと思うのは自然の流れだった。開幕当初の期待感と現実とのギャップは、僕の今までのイメージを覆すものだったし、正直に言って、腐りそうなときもあった。

でも、18年という長い歳月、崖っぷちで戦ってきた意地もあるため、気持ちを切り替えて待った。いつものように優勝が決まるまで「チャンスよ、来い」と思っていた。だが一方で、若い選手が出てきたら辞めようとも思っていたから、いよいよ、〝その時〟が来るのかなと感じた。ただ、まだ体は動くし、自分の中では勝負したいという思いもある。まだこの先を見て、若手に混じりながら声を張り上げ、チームと自分自身を盛り上げた。

ここに俺の居場所はなくなるんだ……

一軍はなかなか波に乗れず、首位の広島とのゲーム差がどんどん広がっていった。優勝が厳しくなった9月9日のことだった。

ついに、運命の時が訪れた——。

ジャイアンツ球場の二軍のゲームでベンチに入っていた僕は、ファームのディレクターに呼ばれた。当時の巨人・堤辰佳GMから話があるため、翌10日、試合が終わったあとに、川崎市内のホテルに行ってほしいという指示だ。ついに来た。戦力外が通告される、と察しがついた。

帰宅して妻に「明日、GMに呼ばれた。たぶんクビだろうな。だから帰りが少し遅くなる」と伝えた。10歳の長女は敏感に反応するだろうし、小学校1年生の長男は学校で話をしてしまいそうなので、言わないで黙っておいた。妻からは「あ、そうなの」と一言だけ返ってきて、特段何か話をしてくることはなかった。ずっと僕と一緒にいる妻は、こういう時期が近いうちに来ることを感じていたんだと思う。

その夜、僕はリビングでビールを飲みながら、一人になった。

「戦力外と言われたときは、どういう気持ちになるのかな……」

上原さんや二岡さんと一緒に入団記者会見を行った18年前が、昨日のことのように思い出された。初めてユニフォームに袖を通したときのワクワク感もよみがえってきた。

部屋の棚には、初本塁打などの写真や記念のボールが飾ってある。巨人のコーチだった伊勢さんの助言で本塁打を打てたこと、優勝のビールかけをした日のこと……なぜか、いい思い出やいい記憶ばかりが思い出された。

マスクをかぶって勝った瞬間、グワッと力が抜ける感覚は、本当に最高だった。あれをもう一度味わいたかった。もう巨人のユニフォームが着られなくなるのか……そんなことばかりが頭を巡り、時間は過ぎていった。

ただ、今まで野球やってきてよかったな……という思いは生まれてこなかった。僕は野球をしてきて、たくさんのことを教えてもらい、成長させてもらった。でも、もっと野球からたくさん学びたい。このまま野球を辞めるんだ……という気持ちには全くならなかった。

眠りが浅いまま、朝を迎えた。正装のスーツを着て行こうかなとも思ったが、まず、今から自分が行くところは、ジャイアンツ球場での二軍の練習だ。いつも私服で球場に行っているのに、格好が違うと違和感が出る。これまでにもそういう先輩の姿を見ているので、周りから球団幹部に呼ばれているのかなと思われてしまう。二軍だって、まだシーズンを戦っているし、そんなことをしたらチームの雰囲気を悪くしてしまうような気がした。

僕は後輩たちを戸惑わせたくなかったので、絶対に悟られないようにしようと思った。許可を取って、僕は私服で家を出た。

何事もなかったかのように、球場の駐車場に車を停めた。「おはようございまーす」とか「ウィーッス」なんて言いながら、室内練習場の建物の2階にあるロッカールームへ。後輩たちからも「加藤さん、おはようございます」と声を掛けられた。いつもの日常がそこにはあった。

ただ、僕の心は前日とは全く違う。

あと2か月後には、今まで当たり前だったことが、当たり前じゃなくなるのかな……。

他愛もない後輩との会話もなくなり、目の前のロッカーの名札も外される。

ここに俺の居場所はなくなるんだ……

などと、感傷的な気持ちになった。18年の間に、いろんな人がここを辞めていった。自分がとうとういなくなる番なのか。

当たり前のように着ていた伝統のユニフォームを手に取ったとき、入団1年目のときの気持ちがよみがえってきた。うれしさ、希望に満ちあふれていたあのときから、僕はたくさんの感動をもらった。

試合前の練習ではユニフォームの着用は自由だが、この日から、僕は練習でも、自然とユニフォームを着る回数が多くなっていった気がする。今までの18年間を振り返りながら練習をしようと思った。

職員として巨人軍に力を貸してほしい

二軍の試合を終え、僕は指定されたホテルへ向かう。案内されたホテルの部屋には堤辰佳GMが待っていた。堤GMは僕みたいな選手でも、苦しいときはいつも親身になって相談に乗ってくれ、本当に僕のことを思ってくれていた一人だった。僕は親しみを持っていたし、このような局面でも、お互いに顔がこわばるようなことはなかった。

部屋にはテーブル、ベッド、椅子が置いてある。普通のホテルの一室だ。一呼吸置き、堤GMから、来年僕とは契約をしない、今季限りだということを伝えられた。覚悟はしていたので、すんなりと受け止められた。続けて、フロントの仕事を用意する、職員として巨人軍に力を貸してほしいと頼まれた。自分のことを必要としてくれていることが、すごくうれしかった。

シーズンの試合もまだ残っている9月上旬。早い段階で戦力外通告を行ったのには理由があった。10月上旬の東京ドームの一軍最終戦で、なんと僕の引退試合を検討したいと、言っていただけたのだ。最後の花道を用意してくれるとのことだった。

感激した。引退試合なんて、スーパースターだけに許されるもの。僕のような、一度もレギュラーになったことのない選手が、できるものではないと思っていたからだ。すでに高橋監督も了承してくれているという。野球人として、本当に心からうれしかった。

ただ、そんなありがたい申し入れにも、僕は「少し考えさせてください」と答えた。返答期限は約一週間。巨人からの仕事を断れば、僕に与えようとしたポストは次の誰かに渡るだろう。僕は、もう巨人には戻れないこともわかっていた。堤GMにはこれまでの感謝の気持ちを伝え、別れた。

自宅に戻ったときは、午後10時近くになっていた。用意された料理を食べながら「やっぱりクビだったわ」と妻に伝えた。すると「へぇ〜、なるほどね、やっぱりそうだったんだね」と吹っ切れた感じで言葉が返ってきた。フロントで力を貸してほしいと言われたことや、引退試合の件も伝えた。

妻は、僕がまだ現役で野球をやりたいことを察していた。でも、「やったらいい」とは言わず、何か聞いてくることもなかった。試合に負けて帰ってきたときと一緒で、僕が冷静ではなかったり、いろいろ考え事をしたりしているときに、何を言っても仕方がないとタイミングを見ていたのだろう。

僕も、一人になってよく考えた。

「戦力外が、なぜ自分なんだ?」

という思いがなかったと言ったらウソになる。でも、こればかりは自分で決められることではない。若いときに、〝野球選手は商品〟という発想を持ったことで気持ちをコントロールすることができたし、ここまで長くプレーすることもできたのだ。

〝加藤健〟は商品としての賞味期限が切れた。ただ、それだけのことだ。

通告を受けたホテルの帰り道から眠りにつくまで、引退するのか、現役続行するのか、フロントに入るのか……という今後のことももちろん考えたが、そんなことよりも頭に浮かんできたのは、

「明日の二軍の試合で、俺は選手として、気持ちが入るんだろうか」

「戦力外と言われて、明日どのような反応を体が示すんだろうか」

「アップを始めるとき、僕はどういう気持ちで動き出すんだろうか」

といった思いで、なぜか不思議とワクワクしていた。

もちろん、他の選手に気づかれないようにするにはどのように振る舞うべきか、ということも冷静に考えていた。チームの雰囲気を乱すようなことだけは絶対したくなかった。いつも、うるさいくらいに話好きな自分だから、周りに気づかれないようにと、いつも以上にうるさかったかもしれない。

グラウンドに立って、そこで気持ちが腐って「もういいわ」と心が離れて動けなかったとしたら、「野球を辞めろ」と神様が言っているんだな……とか、そんなことばかり考えていたら、あまり眠れずに朝を迎えた。

俺、戦力外なんだけどな……

9月11日は八王子市民球場での二軍戦。この日は、長女の誕生日でもあった。僕はアップから、いつも以上に力がみなぎり、新鮮な気持ちだった。体もいつも以上に動けているような感じがした。そして偶然か必然か、試合でも好結果が生まれた。

試合の終盤、いつも通り試合に出場した。

「俺、戦力外なんだけどな……」

と思いながら、投手の宮國椋丞のボールを受けていた。監督もコーチもみんな知らないのだから仕方がない。でも、いろんなことを思い出しながら、感謝の気持ちを持って、ホームベースを守っていた。

試合は同点のまま進み、サヨナラのチャンスで打席がまわってきた。これまで僕は、何度も一軍昇格が懸かっている場面で結果を出してきた。ベンチのメンバーも「決めてくれ」という顔で僕を見ている。娘の誕生日でもあるので、僕は心底、打ちたいなと思った。一軍の試合に出ているときのような気持ちで、僕は打席に挑んだ。

そして、DeNA・高崎健太郎が投じたボールを捉えた。打球はショートの頭を越えるサヨナラタイムリーになった。一塁ベースに到達したとき、後輩たちから、祝福の水はかけられるわ、頭は叩かれるわ、歓喜の中心に僕がいた。

心の中では「クビなんだけど、みんなわかってないんだよな……」と思いつつ、僕の心は痛いが、みんなが喜んでいる笑顔を見ると、この仲間たちともっと野球をやりたいな……と冷たいシャワーを浴びながら思っていた。

また、崖っぷちで結果を残しちゃったなとも思った。

サヨナラヒットでMVPの商品、すき焼きの肉が試合から一週間もしないうちに自宅に届いた。妻とは、

「お肉が届くのずいぶん早いわね」

「会社ももうクビだとわかってるから、早く送ってくれたんじゃないか」

なんて話しながら笑っていた。球団に確認すると、実は、2か月くらい前に吉川大幾がMVPになったときのものを、僕に送ってくれていたのだとわかった。二度もすきやきを食べられて、子供たちは大喜びだった。

一方で、「まだできる」と確信した。

クビと言われた次の日に、サヨナラの場面が訪れて、そこで結果を残したことも何かの暗示だと思ったし、朝の時点から気持ちが腐っていないことが、何より一番だった。僕の心も体も、全く野球から離れていない。

僕は引退を決断することができなかった。自分自身に「お疲れ様」と言うには、まだ早いと思えた。

巨人に用意していただいたフロントという仕事にも、興味がないわけではなかった。でも、

「この先、生まれて初めて、自分が進む道を自分自身で選択するんだ」

ということを想像すると、そこには「どんな発見があるんだろう」、そして「どんな壁があるんだろう」と、ワクワクしている自分がいた。

そして僕は、新たな挑戦をすることに決めたのだ。

まだ僕は野球をやりたいです

一週間後、ジャイアンツ球場に堤GMが来るタイミングがあったため、「申し訳ありません。まだ僕は野球をやりたいです」「僕は今までと同じように、あるいはそれ以上に必要とされる人間になれるよう、もっともっと努力して頑張りたいです」

と、現役続行の意思と、球団への感謝の気持ちを伝えた。もうこれでトライアウトを受験して、拾ってくれる球団がなくても、巨人に戻ることはできない。

僕は退路を断った。家族やいろんな方の話も聞いて、最終的には自分自身で決めた。当時の僕にとっては、ベストな判断だったと思っている。

でも、ひとつだけ堤GMにわがままを言わせてもらった。これで引退試合はなくなったが、9月25日のジャイアンツ球場での二軍最終戦で、息子に始球式をさせてもらえないかと頼んだのだ。堤GMは、すぐに受け入れてくれた。

息子に始球式のことだけを伝えると、跳びはねて喜んでいた。ただ、これが巨人での最後の試合になることは言わなかった。新潟に住む自分と妻の両親にはそれぞれ事情を伝え、球場に呼んだ。僕の母は「今後どうするの？」と聞いてきたので「野球は続ける」と返した。寡黙な父は何も言ってこなかった。

始球式で、息子のボールを受けたのは僕だ。感極まって泣いてしまうのではないかと不安だった。審判役の娘とともに球場に名前がコールされ、息子はマウンドに向かって歩き出し、プレートの位置まで行った。小学1年生の子が、本塁まで18・44メートルの距離をノーバウンドで届くわけがない。それなのに、息子はプロと同じ距離で投げようとしていた。僕が感慨に浸っている暇はなかった。「前に来い！　前に来い！」と、息子にジェスチャーと声で指示を出すのに精一杯だったが、全く伝わらなかった。

しかし、息子が躍動感あるフォームから投じたボールは、なんとノーバウンドのストライク付近で僕のミットに収まった。僕は本当に驚き、グータッチで出迎えた。興奮気味に「すごいな、峻平」と息子に声を掛けた。息子がボール

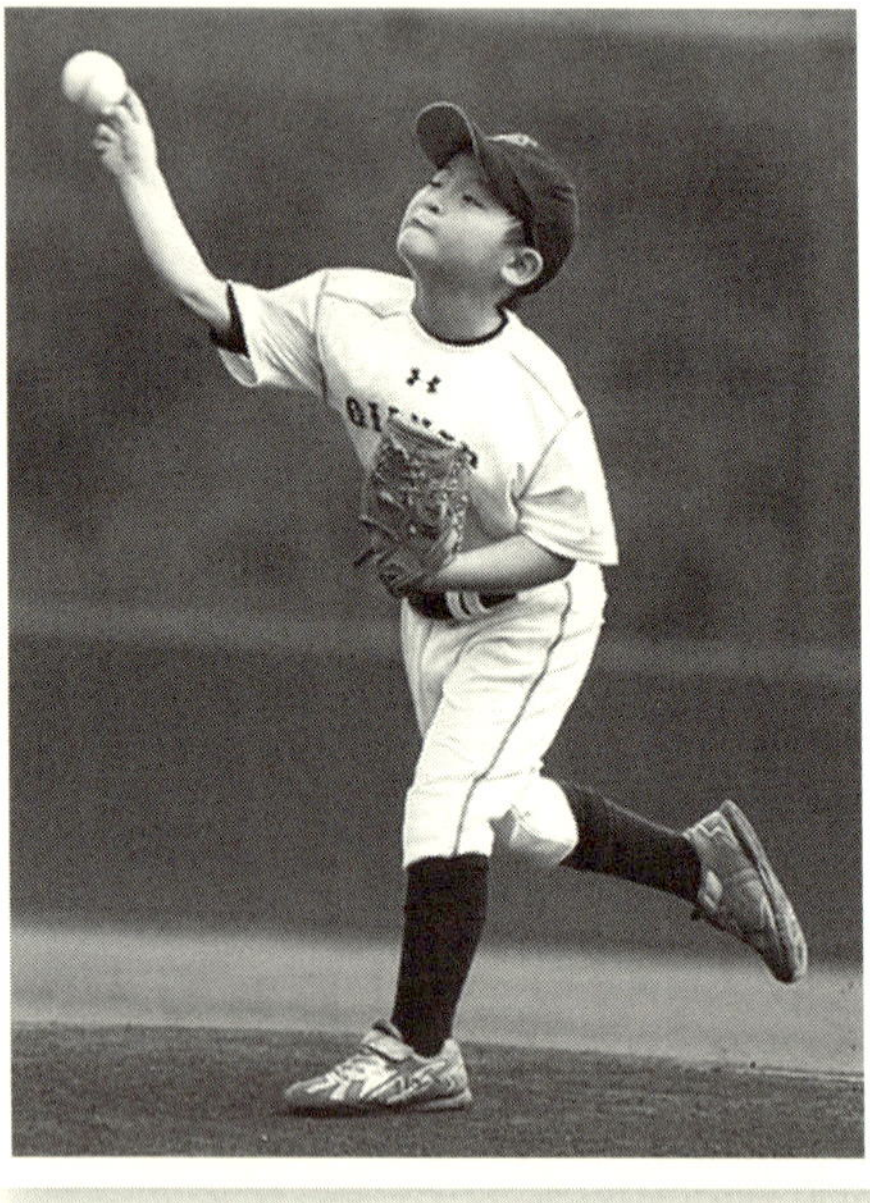

を投げて、お客さんからたくさんの拍手をもらい、巨人軍のおかげで本当に思い出に残る始球式となった。

ファンの方だけでなく、チームメートやスタッフも見ていてくれた。今季限りで現役引退を決めた片岡は、球場全体を望める階段から、始球式の様子を撮影。しかも実況入りの動画を僕に送ってくれたのだ。別の角度からもノーバン投球を見ることができて楽しかったし、何より片岡の優しさがうれしかった。

僕にとっての巨人ラストゲームは、スタメンでの出場だった。監督、コーチから「何イニング守るか、何打席立つか」と相談された。僕は若手の機会を奪いたくなかったので、1打席、3イニングだけ守らせてくださいと伝えた。家族にジャイアンツでの最後の雄姿を見せられれば、それで十分だった。

唯一の打席は空振り三振だった。僕は、結果がどうこうというより「これで最後なんだな」と思って打席に入っていた。いつもなら積極的にいくのだが、あの一瞬でいろんなことを思い出しながら、巨人軍最後の打席を楽しんだ。名残惜しくて、1球ボールを見ようかなと思ったらストライク。3球で追い込まれてしまった。最後は思い切りスイングして空振り三振。

もし、これが現役引退を決めた試合だったならば、試合後に家族みんなで食事にでも、という流れになったとは思うけど、僕にとっては巨人で最後の試合というだけで、野球人としては最後ではない。みんなで一緒に食事をするという発想にはならなかった。

まだ、悔い残ってるんでしょ？ とことんやれば

戦力外通告された直後、妻は何も言わなかったが、僕が家のリビングでぼーっとしていたときに「まだ、悔い残ってるんでしょ？　とことんやれば」という言葉を掛けてきた。その一言に背中を押され、他球団移籍を目指して動き出したのだ。

この前後から、お世話になった方々へ、巨人退団の連絡を入れはじめた。18年間も巨人軍にいさせてもらったおかげで、連絡しないといけない人が多すぎ

て、忘れてはならないとリストを作った。新発田農業の恩師・松田忍監督をはじめ、プロへ導いてくれた当時の吉田孝司スカウト、原辰徳前監督、高橋由伸監督、同期入団の上原さん、移籍してからよく食事をさせてもらった谷佳知さん、高橋尚成さん、清水さん、同じ捕手の阿部さん、鶴岡さん、同学年で「松坂世代」の修一、杉内、実松……。韓国で2017年に引退を決めた李承燁さん……名前を挙げだしたらきりがない。

原前監督は一度、電話をかけて出なかったので、メールを送った。すると自分の知らない間に留守番電話にメッセージが入っていた。運転中だったので急いでコンビニの駐車場に車を停めた。

留守電には「カトケーン」と明るい声で、惜別のメッセージを入れていただいていた。すぐにかけ直し、御礼を伝えた。僕が在籍していたときの巨人軍監督は長嶋茂雄さんから始まり、原監督、堀内監督、高橋監督の4人。原監督が一番長い期間、指揮を執られていた。思い出話もしていただいたり、今後のことを気にかけていただいたりした。

阿部さんには、「このあとどうするんだ?」と聞かれたので、「現役を続けます」と伝えた。「頑張れよ。また何かあれば連絡しろよ、ひとまずお疲れ様」と言っていただけた。修一、杉内、実松たちはさみしがっていた。李承燁さんは韓国でネットニュースを見たようで、国際電話をかけてきてくれた。

直接会って伝えることができた人々もいた。チームメートの内海や山口、長野、片岡には食事に誘われ、みんなの顔を見ながら話をすることができた。そのとき、思いもよらない再会もあった。

僕は約束の時間に遅れ、急いでいた。到着するとみんな揃っていたが、口の前に人さし指を立てて、「シーッ」と。何も声を出さず、静かにしてほしいと言ってきた。なんでだろうと思ったら、僕らのところに一人の球団スタッフがやってきて、別室へ誘導した。

その部屋の奥には、長嶋茂雄巨人終身名誉監督と松井秀喜さんがいたのだ。偶然にも同じ店で食事しており、僕らの存在に気がついたという。長嶋監督は、僕が入団したときの監督。松井さんとは一緒にプレーさせてもらった時期もあった。二人とも遠い世界の存在だ。長嶋監督にはねぎらいの言葉を掛けていただき、松井さんからは「おー、カトケン、これからどうすんだ?」と言ってもらえた。それだけでもうれしかった。あまりにもうれしかったので、もしかしてサプライズかと、長野に「お前、仕込んだの？」と思わず言ったが、「そんなことできるわけないですよ」と首を横に振っていた。すごい偶然だった。

クビになったんですけど、マッサージしてもらっていいですか？

ファームで巨人からは、ラストゲームの花道を作ってもらったが、まだ、僕には巨人の選手としての仕事があった。チームはリーグ2位でシーズンを終えたが、クライマックスと日本シリーズ進出の可能性もあった。実は堤GMから、ポストシーズンの準備をしておいてくれと言われていた。僕はすんなりと「わかりました」と受け入れた。

戦力外なのに大事な試合の準備をする。

これっておかしいのでは？

と思う人もいるだろう。でも、僕はこれまで巨人で成長させてもらい、お世話になったという感謝の気持ちでいっぱいだったので、今までと変わらず、最後まで〝使いやすい商品〟に徹すると決めた。

ただ、チームが日本シリーズに進出すると、僕の戦力外、自由契約の発表も遅くなる。そうすると、もし僕に興味を示す球団があったとしても、交渉できる日数が限られてくる。そのため、戦う準備はクライマックスまで、という約束にしてもらった。本当に堤GMには感謝している。

10月、調整のために宮崎で行われているフェニックスリーグに、一軍メンバーとして帯同した。見方によっては、本当にクビなのか？　と思ってしまうだろう。でも、これも僕らしくていいかなと思った。クライマックスは結局ベンチに入らず、家で見ることになったが、一日でも長く巨人の選手として戦えてよかったと思う。

11月。12球団合同トライアウトへ向け、巨人の練習施設を使わせもらい、練習を始めた。すると、後輩の朝井秀樹打撃投手が、

「加藤さん、打撃練習をしたいときは投げますからいつでも言ってください」

と声を掛けてくれた。朝井は三軍の練習のために朝から球場に来ていたが、川相昌弘三軍監督（当時）の厚意で練習に付き合ってくれた。後藤コーチ、金城コーチにも「手伝うことがあったら言ってな」と、朝練のノックに入らせてもらった。後輩の亀井善行外野手もノックを打ってくれた。首脳陣、チームメートの協力がすごくうれしかった。

トレーナーの皆さんには、

「クビになったんですけど、マッサージしてもらっていいですか？」

「契約は12月までなんでー」

と冗談っぽくお願いをした。みんな快くやってくれた。感謝しかない。本当に、周りの方々に支えられているんだなと感じた。

各方面の編成が集まる12球団合同トライアウトは、甲子園球場で実施された。僕を必要としてくれる球団であれば、どこでも行く気持ちだった。NPB以外で現役を続けることは考えてなかった。

もし、自分が若ければ、このトライアウトの場で結果を求めただろう。

「意地でもヒットを打ってやろう」

と、アピールに躍起になったかもしれない。ただ、僕は各球団の編成担当の方々には、元気な姿を見せられればいい。レギュラーは獲ったことはないが、まだまだ動けるんだと思ってもらえればよかった。それが僕に求められているのものだと考えていた。

俺に変化球投げたらダメだよー

公式戦でもないのに1万人以上が集まる異様な空気。そんな雰囲気でプレーするのは初めてだったので、とても緊張していたように思う。久しぶりにシートノックからドキドキして、地に足が着いていない感覚だった。日本シリーズともまた違う緊張感だった。迎えた一回目の打席。相手を見て、驚いた。巨人で長く一緒にプレーをし、DeNAを戦力外になった久保裕也だったからだ。裕也もまた「松坂世代」の一人でもあった。

前日に手元にあった資料だと、違う投手が相手だった。その投手の映像を、ホテルの部屋でネット検索して研究していた。しかし、実際は違った。裕也とは一軍でもファームでも何度もバッテリーを組んできた。

本当に複雑な気持ちだった。寮にいるときには一緒に買い物や食事にも行ったし、オフの野球教室でも、地元の新潟に来てほしいとお願いしたら、嫌な顔ひとつせずに来てくれて、地元の人たちがみんな喜んでくれていた。ゴルフも一緒にしたたし、いろんな思い出がよみがえってきたが、ここは感情を押し殺し、勝負に徹した。

結果、僕は裕也の落ち切らなかったフォークボールを捉え、一・二塁間を破る右前ヒットを放った。追い込まれてからだった。そのあと冗談で、

「俺に変化球投げたらダメだよー」

と、ロッカーで対面したときに笑いながら話をした。裕也は「失敗したー」なんて言っていた。同じチームメートだったので、今回の勝負もなんとなく紅白戦のようなイメージだった。球筋も何を投げるかもわかっていて少し複雑だったが、僕にとってはプラスだったのかもしれない。

この日の成績は、5打数1安打2三振。ヒットは、最初に裕也から放った1本のみに終わった。

甲子園球場の記者席には、こっそりとチームメートの長野が見に来ていた。前から見に来るとは聞いていたが、本当に甲子園まで来るとは驚いた。あとで会ったときにうれしい気持ちを隠して「何しに来たんだよ！」と声を掛けると、「加藤さん、最後のユニフォーム姿になるかもしれないじゃないですか」

長野の気持ちは、心底うれしかった。

長野だけでなく、トライアウトではかつての仲間に支えられた。阪神でブルペン捕手を務めている横川雄介が、僕を見つけて声を掛けてきてくれた。年下の横川はかつて巨人に在籍していた捕手で、チームメートだった時期もあった。

「加藤さん、何かできることあったら言ってください」

と、トライアウト終了後、僕が捕手道具など大きい荷物をいくつも抱えていると、配送してくれる業者のところまで車で連れていってくれて、荷物を出すとそのまま僕を駅まで送ってくれた。久しぶりに会ったのに、ここまでしてくれてありがたかった。18年間暮らした巨人が結びつけてくれた縁だった。

合格は一週間以内に連絡が来ると言われていたが、携帯にＮＰＢ球団からの連絡はなかった。最初は携帯の存在を気にしていたが、次第に気にならなくなった。同時に、そろそろ引き際を考えないといけないなという気持ちにもなった。ずっと近くで僕のことを応援してくれていた妻から「そろそろ（引き際）じゃない？」と言われたとき、心は決まったのかもしれない。

その後は、引退発表をどうするかなとタイミングを見ていた。ドラフト会議が終わったあとも少しチーム編成に動きがあるかもしれないから、そこを待って決断しようと思った。しかし、ＮＰＢ球団からの連絡はなく、僕はここで引退を決めた。

俺辞めるわ。自分の人生、初めて選んで進んでみる

心の整理がついた12月上旬、捕手会があり、久しぶりに仲間たちと会った。

一般的に言えば、忘年会のような集まりだ。一軍捕手みんなで食事をし、一次会が終わった。二次会はカラオケもできるバーに移動した。そこに勇人が捕手会をやっているということを聞きつけ、合流してくれた。うちのキャプテンは自分の用事を切り上げて、わざわざ僕のために来てくれた。それだけではなく、カラオケでは〝ずっと仲間〟というメッセージ性の強いはなむけの歌を、僕に捧げてくれた。僕は涙した。いろんなことを思い出し、今まで我慢していたものがあふれ出した。

12月にはチームメートの長野、山口鉄からサプライズがあった。

最初は草野球の誘いだった。二人の他に知り合いを集めて、都内のグラウンドで野球をするから、僕にも来てほしいということだったので向かった。バックネットには、草野球の大会名が書かれた手作りの紙が張られていた。だが、そのあと驚く出来事が起きた。

その紙をある参加者が外すと、

「加藤健さん、18年間お疲れ様でした」

と書いてあったのだ。チーム屈指の気遣いの男、長野が最後に僕の引退試合をプロデュースしてくれていたのだった。12月末だったので、声を掛けたけどすでに帰省してしまっている選手もいたと長野から謝られたが、そんなことはない。その気持ちだけで十分だった。本当にみんなの優しさが、僕の心に沁みわたった。

最後は捕手として、山口の球を受けた。打席に立ったときは、長野がわざわざピッチャーとしてマウンドにやってきた。有終の美を飾るつもりでいたが、不思議なもので打席に立つと、捕手の自分が顔を出す。

真剣勝負だ——。

最近の打席ではホームランではなく、引っ張ってもいい内寄りの球を、きれいにライト前に運ぶヒットを狙っていた。僕がこの世界で生き残るために、いつも練習していた打法で僕は長野のボールを打ち返した。このときは、本当にイメージ通りにうまく打てた。マウンドの長野は肩を落としていたので、みんなで大笑いした。最後に、僕はみんなから花束をもらい、初めての胴上げまでしてもらった。

年が明けてから、新潟の両親に引退を決めたことを伝えに行った。ジャイアンツの退団を決めたときは電話で伝えたが、本当に野球人生の最後の決断に関しては、直接会ってしっかり自分の口から伝えたかった。母には「本当に辞めるの？」と聞き返された。さらに「巨人が引退後に保証してくれた仕事をなぜ断ったのか？」とも聞かれた。親だからそこが気になるのは仕方がない。

だが、寡黙な父からは特に何も言われなかった。

僕はバイトもしたことがない。外の世界には、もっと成長できるヒントがあるんじゃないか。だから、いろんな経験をしてみたいと思っていた。野球で学んできたことが、外の世界でも生かせるんじゃないかという期待感もあった。

だから、巨人退団のときも、

「俺辞めるわ。自分の人生、初めて選んで進んでみる」

と言うと「ああ、そうか」の一言だけで終わりだった。

父らしく、僕の決断を尊重してくれたのだ。

パパ、もう東京ドームでプレーすることないわ

真意をきちんと伝えれば、最終的にはみんな僕のことを理解してくれたが、最後に一番、理解するのが難しいだろう存在を残していた。息子だった。

長女はこのとき11歳だったので、何となく感じていた。長男は僕が野球選手であることはわかっていた。それを目標にやってきた自分もいた。この現実を受け入れられるのか……。通達は、1月4日。自宅の風呂場だった。

「パパ、もう東京ドームでプレーすることないわ」

「なんで?」

「もう、じじいだから」

「じじいじゃないじゃん」

「あとはお前がサッカー選手でも野球選手でもいい。頑張ってスポーツ選手に

なって、スタンドからビール飲んで応援するのが俺の夢だ。頑張れ」

息子はやはり、理解できなかった。「何言ってんの、パパ？」という感じで僕を見つめていた。お風呂から上がって着替えると、再び僕の前に来た。

「なんで？　愛莉のときは、ホームラン打ったこともあるし、ヒットも打った」

「俺のときは三振ばっかりじゃん。もっとやってよ」

一年前のシーズンがキャリアハイだったのだが、息子の記憶にはないようだった。記憶に残るのはこれから、という時期に僕は辞めなくてはならなかった。もう一年やれば、長男は小学校2年生。それなりに記憶に残るプレーも見せられるかもしれない。最後の最後は、息子のためにもう一年、何とかやりたいと思ったけど、手を上げてくれる球団がなかったのだから仕方がない。

翌朝、スポーツ紙やネットのニュースで引退が報じられた。息子はそれを見ても、納得しなかった。しばらく、僕と外に出かけるのを嫌がっていたようにも感じた。外食をしに行こうと誘っても「家で食べよう」と言ってきた。

なんでだろうと考えたが、僕が戦力外になった事実を、他人から色眼鏡で見られるのではないか、という不安だったようだ。父親が仕事をクビになるということは、一般的にはそう多くあるわけではない。自分の周りにはいないため、恥ずかしかったのだ。

息子が、

「『ジャイアンツをクビになったカトケン』って言われたどうなの?」と聞いてきたこともあった。野球選手としての父が、息子にとっては自慢だったのだ。テレビに映る、野球をするのが仕事だった父。それがもう野球をやらないという現実は想像がつかなかったのだろう。

僕は、「しょうがないじゃん、プロ野球選手は辞めないといけない日が来るんだから」と、そう言うしかなかった。

息子と公園に行ってキャッチボールをしていると、近所の人たちが「長い間お疲れ様でした」と声を掛けてくれる。そのとき、すぐに息子が駆け寄ってきて、「パパ、今なんて声掛けられたの?」と〝クビになったカトケン〟と言われてないかを気にしていた。

そういうねぎらいの言葉を掛けられることが、何度か繰り返しあったため、少しずつ息子の気持ちにも変化が生まれてきた。最近は心の整理もできてきたように見える。

子供たちもどんどん成長していく。僕も父として、もっともっと成長していかなければならない。可哀想な思いをさせてしまった息子には、これからは今まで以上に、もっともっとたくさんの愛情を注いでいきたい。

弟よりも成長している姉は、特別変わった様子を見せなかった。大きくなったものだな、と感心していたが、どうやらぐっと我慢をしていたようだ。引退直後、車の助手席で静かに涙を拭いていたことがあった。僕は、子供に心配や余計な気を遣わせてしまっていた。これからは家族との時間をたくさん共有して、新しい思い出を作ろうと思っている。

退団から引退に至るまでの決断が、正しかったのか間違っていたのかなんて、すぐにはわからない。でも、できるかどうかわからないが、新しいことに挑戦してみたい。やってみなきゃわからないこともあるだろう。

巨人軍で多くを学ばせてもらい、一人の人間として成長しながら、18年間プロで学んできたことを発揮できる場所があるはずだ。

僕は自らの意思で、新しい一歩を踏み出した。

終章

故郷

カトケン、よくやったよ。お疲れ様

現役生活を終えるにあたり、もう一度ボールを受けたい人がいた。何度も心の支えになってくれた、カブスのリリーフ投手・上原浩治さんだ。直接会って引退の挨拶をしようと思い、1月中旬、自主トレを行っている都内のグラウンドに、同期入団の先輩を訪ねた。

1998年秋のドラフト会議で、上原さんは大体大から逆指名で1位入団。僕は新発田農業から3位で入団した。この年、8人の新人選手が指名されたが、現役選手はもう上原さんだけになっていた。僕がユニフォームを脱ぐことを伝えると、

「おっさんで入った俺が一番、最後までやってるじゃないか」

と冗談を言って笑ったあと、

「でも、カトケン、よくやったよ。お疲れ様」

とねぎらいの言葉をもらった。僕は上原さんのその一言にまた救われた思いだった。野球を長くやってきて、改めてたくさんの人に支えられ、学ばせてもらい、成長できてよかったな、と思う。

メジャーでは日本のプロ野球とは違って、キャンプイン初日から全開でブルペンに入ることはないと聞いていた。ゆっくりスタートするものだと思っていたが、上原さんはもう二週間後の1月中にはブルペンで投げはじめると聞いた。

僕はいてもたってもいられなくなった。引退したのに、捕手としての熱い思いが込み上げてきて、直接上原さんのボールを捕ってみたくなったのだ。このとき、僕は地元の新潟と東京を往復する生活をしていたが、手帳の予定を見ると、ブルペン投球予定の日は空いていた。

自主トレ中にもう一度お邪魔してもいいかと訊ねると、上原さんは快諾してくれた。現役メジャーリーガーのボールを受けられるなんて感激だ。ジャイアンツのときとはまた違う球質なんだろうし、こんな経験は二度とない。まだオフなので、全力で投げるわけではないだろうけど、今はどんな球なんだろうか、と心が躍った。めったにはない貴重な機会だった。

1月27日、ジャージとキャッチャーミットを携えて、再び都内のグラウンドへ向かった。ブルペンのホームベースの後ろに腰を下ろし、上原さんが6割くらいの力で軽く投げる球を一球一球、全身で味わった。感じるボールの衝撃、響く心地良いミットの音色がたまらない。

全部で15球前後だったが、ストレートやスプリットなど持ち球をいろいろ投げてくれて、受けている僕を楽しませてくれた。軽く投げてもコントロールは抜群。テンポも良く、そしてベース盤の上でピュッと伸びる。初めて一軍戦で受けたときと変わらぬ、いやそれ以上の制球力だった。

上原さんから、「お前、結構上手いな」と言われたので「いやいや、2か月前まで現役でしたよ」なんていう、冗談交じりのやりとりをしながら、僕はボールを受けた。2006年のロッテ戦のことをはじめ、上原さんとバッテリーを組んだいろんな試合を思い出していた。プライベートでも食事に連れていってもらったし、野球でも食事でも、いろいろなことを吸収させてもらったなと思い返していた。

UEHARA
19

帰り際、「わざわざ来てくれてありがとうな」と言ってもらえたが、感謝したいのは僕の方だった。上原さんと出会わなければ、僕は18年間も巨人一筋で野球を続けることなんてできなかっただろうし、本当にありがとうございましたと伝えたい。僕はどこかで、誰かに踏ん切りをつけてもらいたかったのかもしれない。もう悔いはない。僕はここでプロ野球人生のピリオドを打ち、三日後、新しい職場のある新潟市へ向かった。

少年たちに夢を与えることができるのではないか

いつもは宮崎で迎えていた、プロ野球選手の正月と呼ばれるキャンプイン。1月31日にキャンプ地に全員が集まり、2月1日に練習がスタートする。だが、僕は２０１７年から、故郷で新たなスタートを切ることになった。

着ているのは真新しいユニフォームではなく、スーツだ。手にはバットではなく、ビジネスバッグ。僕は、ルートインBCリーグ・新潟アルビレックス・ベースボール・クラブに一年契約でお世話になることになった。一年契約にしたのは、野球選手と同じで一年一年が勝負だと思ったからだ。

引退後に、僕が一番やりたかったことは、新潟の子供への「きっかけ作り」だった。中学3年生のときに、生まれ育った聖籠町の野球教室に来た高木守道さんが、僕に掛けてくれた「肩が強いな」という一言は、今でも忘れない。その言葉ひとつで、僕は野球だけではなく、勉強も頑張ることができた。

18年間レギュラーを獲ることはなかった僕だけど、現役を引退して間もない今の時期であれば、まだ顔と名前は知られている地元なら、高木さんと同じように少年たちに夢を与えることができるのではないか。何かきっかけを与えられるのではないかと思ったのだ。

これが、引退して5年も10年も経ってからだと、親の世代は僕のことを知っていても、子供たちが「カトケン！」と呼んでくれる可能性は低いだろう。

新潟アルビレックスBCに入れば、幼稚園児や小中学生に向けて、野球の楽しさや体を動かす教室など、野球振興につながる企画ができるのではないか。

そうすれば野球教室や講演で、野球や故郷の魅力を伝えることもできる。

僕は話をすることが好きなので、営業職も経験してみたいなと思っていた。学生時代にアルバイトもしたことがない人間だから、幅広く経験してみたいと思っていたし、そこで新しい発見があるかもしれない。

高校卒業してからの新潟の野球、特に高校野球は全国区になった。2009年には、日本文理が夏の甲子園で準優勝するなど躍進を遂げている。18年の間に、どのくらい新潟の高校野球のレベルが上がったのかを純粋に見たいとも思ったし、新潟で仕事ができれば、巨人で経験したことを生かし、地域に何らかの形で貢献できることもあるはずだ。僕は新潟と野球に恩返しをしたいと思ったのだ。だから、浮かぶ限りのアイディアを伝えていきたいと思った。

新潟から「第二のカトケン」を養成するという名目ならば、新潟アルビレックスBCの監督やコーチになる考えもあったが、僕はまだ社会人として、自分自身に足りない部分が多い。社会を知らなすぎるから、まずは社会に出て人と触れ合うことで、多くのものを吸収したい。この一年は、すべてが勉強だと思っている。

新潟では子供たちとも触れ合えるし、自分を成長させてくれた野球の現場へ視察に行くこともできる。時には、選手からの質問に答えることだってある。球場へ顔を出す機会はそう多くないので、コーチのようにああしろ、こうしろと技術指導することはない。ただし、いつ何を聞かれてもいいように、準備だけはしておこうというスタンスで、いつも後ろから観察していた。

環境が変わっても、やはり準備と観察は大切だ。

野球振興やチーム運営、強化など、自分が協力できることをやってみたい。こうして、僕は大好きな野球から離れることなく、新しい仕事のスタートを切ったのだ。

もう怪我しても大丈夫でしょ

次の職業を考える中で、家族の存在も大きな比重を占めていた。新潟アルビレックスBCの主な活動は新潟で行われる。自宅や子供たちの学校は東京だ。その生活を変えてしまうことは頭の中になかった。

プロ野球選手だった18年間、子供の授業参観も運動会も、最後までゆっくり見たことがなかった。だから、月の半分は家族と過ごすために東京にいられる契約にしてもらった。だが、東京にいても野球振興はできるし、メディアの仕事が来れば地元やチームのこともPRできる。社会人野球や大学野球に関しても、すぐに視察に行くことも可能だ。

これまで、妻は朝早く起床し、子供たちのお弁当作りなど、ずっと育児に追われていた。現役時代、僕がナイターを終えて帰ったら、翌朝も早いのに夕飯を作って待っていてくれた。少しでも妻の負担を減らし、子供とゆっくり過ごせる時間もほしかった。東京と新潟の往復で、今まで以上に負担をかけているかもしれないが、妻は頑張ってくれている。

2017年の5月末には、やっと念願が叶った。小学6年生の長女と2年生の長男の運動会を、初めて最初から最後まで見ることができたのだ。午前5時半に起きて、6時に門の前に並び、場所取りの列に並んだ。7時半に開門すると、シートと荷物を持って、場所を確保した。現役中は、首都圏開催のナイターであれば、お昼くらいまで見ることができたが、デーゲームや遠征と重なると全く参加できなかった。〝引退後の楽しみ〟ってやつを満喫できると思うと心が躍った。

全部の競技を見ることができて、子供たちも喜んでくれた。今しか見られない子供たちの姿を、目に焼き付けておきたいとずっと思っていたので、僕もうれしかった。創作ダンスや大玉転がし、徒競走など運動会を堪能した。自宅に戻ってからも、その日の競技について家族でいろんな話ができた。一般の家庭では当たり前のことかもしれないが、僕にとっては新鮮だった。何気ない会話が楽しかった。

授業参観も同じで、夫婦で行くこともあれば、僕一人でこっそり行くこともある。作文や教室に飾られている絵を見たりして、些細なことだが、成長を感じていた。子供の成長していく姿には、本当に勇気をもらっている。

たまに長男から「なんでパパは野球辞めたの?」と聞かれることがある。息子は、まだ現実を受け入れられない部分がある。だから最近では、「野球が下

GIANTS

手だから辞めたんだよ」と言うようにしている。一生懸命に頑張ることの大切さを感じてほしいからだ。

長女は少し大人だから、表面的には気にしていないが、潜在的には気になっているのかなと感じた。休みが多くなったので、長女からは「パパ、無職？」とか冗談で言われたこともあった。

ときどき、子供たちが僕に飛びかかってきたりもする。そのとき僕が、「怪我するじゃん」と言うと、妻も子供たちも揃って「もう怪我しても大丈夫でしょ」と言ってくる。自然とそんな一言が返ってきた瞬間に、

「あぁ、子供たちも俺が怪我していた時期を知っているんだな」

「子供ながらに気を遣わせていたんだろうな」

と感じる。今はただ、できるだけ長く一緒にいる時間を共有し、家族の不安を解消してあげたいと思っている。

僕が家にいるときは、近くのバッティングセンターにもよく出かける。息子は空振りをすると落ち込んでいる。そのときは、

「パパも巨人で三振したけど、次、頑張ろうってやってきた」

「野球は失敗の多いスポーツだけど、取り返すチャンスがある」

「落ち込んでいてはダメだ」

と声を掛けて、気持ちの切り替えの大切さを伝えると、落ち込む回数も減ってきた。悔しい気持ちを持つことは大切だ。その気持ちがなければ、進歩していけないからだ。でも、子供たちには頭の柔軟性を持たせ、生きていく上での引き出しを増やしてあげたいと思っている。

いつか子供たちも、僕がプロの世界で18年間、崖っぷちで戦い抜いてきたという事実を知るときが来るだろう。そのときには、目標を持って進んでいけば、叶うことがあるんだということを伝えたい。人は失敗をする。それでも準備をしていれば、またその目標に近づいていけるのだ。

人に興味を持たなければ、人を動かすことはできない

家族との生活を楽しみながら、新潟ではスーツを来て走りまわっている。人生で初めて持ち歩く名刺入れには、ちょっとしたこだわりがある。僕が10年近く愛用していたキャッチャーミットのメーカー「ハタケヤマ」製だ。

野球グラブと同じ革で作られており、名前が刻印されているのが特徴だ。僕が巨人で18年間やってきたことはどれだけ社会に通じるのか。野球で苦しいときにどうやって乗り越えてきたのか。この名刺入れを見ると、気持ちが自然と引き締まってくる。

ある地元企業の入社式で、巨人時代のことを思い出しながら、未来ある若者にこんな話をした。

「僕は18年前、巨人のユニフォームを着た瞬間に『よし！ やってやる』と思った。皆さんは、入社して、スーツを着たときにどんなことを思いましたか？ 人間には良い慣れと悪い慣れがあると思います。過去を少しだけ振り返ることも大事。この震え立つ瞬間を忘れないでほしい」

巨人を離れ、間もなく一年が経とうとしている。巨人ファンの皆さんには、きちんと感謝の言葉も伝えられないままチームを去ってしまい、申し訳ないと

いう思いもある。たまにしか一軍の試合に出場しない僕にも、心強い応援をしてくれて本当にうれしかった。最初の頃は、

「『カトケン』って、ただフルネームの〝ウ〟がなくなっただけなのにな」

と思っていたこともあったけど、巨人ファンの方々からは親しみを込めて「カトケン」と呼んでもらっていたように思う。あと、個人の応援歌ができたときも本当にありがたくて、うれしかった。

正直なところ、退団するときに皆さんの前でご挨拶をしたかった。球団のSNSを通じて、お別れのメッセージを動画で伝えたときの返信コメントも全部、読ませていただいた。感謝の思いは尽きない。巨人ファンの皆さん、どこかで僕を見かけたときは、また「カトケン！」と声を掛けていただけると嬉しい。今まで本当にありがとうございました、と伝えたい。

僕は「松坂世代」に生まれ、18年間も巨人軍でお世話になることができた。これは、世代の象徴でもある松坂大輔を筆頭に、錚々たるメンバーがプロの世界で活躍を続けていたからこそ、僕も同級生たちに負けじと、崖っぷちの中で頑張れたという側面もあると思う。

そんな僕の崖っぷちの戦いぶりに、刺激を受けた地元の同級生もいた。現役引退後、中学・高校の同級生から「健がプロで頑張っていたから、俺も頑張れたよ」と言ってもらえた瞬間、僕は救われたし、野球をやってきて本当によかったな……と思えた。

巨人に入団したこと、阿部慎之助さんという偉大な捕手がいたこと、僕のポジションが捕手だったということも、崖っぷちを乗り越えられた大きな要因だ。もしも、内野手や外野手だったら、僕の打力ではプロ野球選手として使い物にならなかっただろう。

捕手だったからこそ、〝使いやすい商品〟になろうという発想も生まれ、守備面やリード面の他に、コミュニケーション能力やチームの雰囲気や流れを変えるための起爆剤など、打力とは別の部分でアピールすることもできた。

巨人という球団には本当に感謝している。若手が伸びないと言われるが、僕は生え抜きで何とかここまで生きてこられた。僕なんかが後輩に何かを言える立場ではないが、もし言うとするならば、たくさん人に興味を持ってほしいということだ。そうすれば、いろんな発見ができる。

いいときも、悪い時も、うれしいときも、苦しいときも、僕はいろんな人とたくさん話をしてきたし、意見も交わしてきた。心の通い合う仲間がいたからこそ、僕は本当に頑張ることができたし、今でも続いている絆は僕の誇りだ。絆はともに流した汗と涙の分だけ、強く、固くなる。

人に興味を持たなければ、人を動かすことはできない。野球でもタイミングがあるように、社会でも、いろいろなタイミングが訪れる。人と人とが野球もするし、人と人とが仕事もする。

だから、人に興味を持ち、人の気持ちを考えることが大切だと思う。僕が少しずつ成長してくることができたのも、たくさんの人との絆が生まれ、家族や両親、また、出会った多くの人に支えられてきたからだ。

僕は、この先一日24時間を大切にしていきたい。過去には戻れない。今後いろいろな反省も出てくると思う。でも、すべてこれからのために努力し、周りから必要とされる人間に成長できるよう、進歩していきたい。

崖っぷちで18年間も踏みとどまれた精神力を、これからの人生に生かしていきたい。いや、生かさなきゃいけないのだ。

おわりに

この作品を上梓するにあたり、本に収録するための過去の写真を探した。昔のプレー写真だけではなく、家族写真もたくさん出てきた。長女が生まれたばかりの12年前の様子や、家族みんなで撮影した旅先の写真……。

僕が家でくつろいでいると、寝室で妻と二人の子供の笑い声が聞こえてきた。何だろう？　と部屋を覗くと、写真探しに協力してくれた妻と子供たちがアルバムを見ながら盛り上がっていた。このような形で、親子団欒の時間ができてよかったなと思い、微笑ましかった。

「過去は振り返るな」という言葉があるが、僕は過去を振り返ることも大事なことなんじゃないかと思う。写真を見てもいいし、動画を見たっていい。最初のユニフォーム姿や苦しかった頃の写真は初心に帰れるし、我が子が生まれたばかりの赤ちゃんの頃の写真を見ると、子供たちの成長も感じる。

今、子供たちは「引退」という事実に敏感に反応してはいるが、その現実を乗り越えようともしている。父親の決断を、成長する材料に変えようとしている。そんな子供たちの存在が、僕のプロ野球人生を支えてくれた。

崖っぷちを歩いたプロでの18年間。やはり、一人で戦ってくることはできなかった。二軍から最初に上がった試合では、必ず結果を出すように努めてきた。出場試合数や安打数など、個人の最高成績を収めたのが、17年目の２０１５年、引退する前年の35歳だったということに、驚かれた方も多いだろう。自分が円熟の境地にいたということもあるが、同学年で「松坂世代」の矢野謙次の存在も欠かせなかった。

この年、最初の出場試合だったヤクルト戦で、僕は石川雅規投手から2本ヒットを打ち、そこから一気に波に乗れた。石川さんを打てたのは、謙次のおかげだ。僕は石川さんのチェンジアップやシンカーが昔は嫌で、石川さんを得意としている謙次に攻略法を聞いたことがあった。

すると、一塁の方向に、強い打球を打つイメージでスイングするといい、ということだったので、それを思い出して実践した。チェンジアップが来たので、セカンドよりもっと右を狙ってスイングした。すると打球は、なぜか引っかかって三遊間やセンター前などに抜けた。より右方向へ打つ感覚で振ると、タイミングが合うことを教えてもらい、僕は打つことができたのだ。

謙次から学んだことは、他にもある。僕と一緒で、謙次は巨人に入団してからレギュラーを張っていたわけではなく、一、二軍の行き来を繰り返す時期もあった。腐ろうと思えば、一瞬で腐ることもできた。僕と境遇は似ていた。

よく一緒に食事に行ったり、話をしたりする中で共通していたのは、他人の言動でモチベーションを上げ下げするのではなく、自分のやるべきことをやって試合に出る。それだけでいい、ということだった。結果を残さなければ、自分が辞めなくてはいけない世界。すべては自己責任なのだから、周りの目など気にせずに、信念を貫いていこうという考えだ。

普段は、おちゃらけていたりするが、「代打の職人」となってからの謙次は、試合に出る前の雰囲気がガラリと変わる。話しかけられないくらいだ。周りを冷静に見て、自己分析ができる。だからこそ、切り札としての今があるんだと思う。日本ハムで一年でも長く、現役を続けてほしい。

大きな怪我が晩年なかったのは、高橋尚成さんや球団トレーナーの方のおかげだ。２００2年から4年間、僕は一軍出場がほぼなかったが、ファームでも怪我で出られない時期があった。２００7年には脱臼もした。

そんなとき、尚成さんから病院を紹介してもらった。その病院では怪我の治療だけでなく、予防のトレーニングも教えてくれた。怪我の原因が、肩甲骨の左右の動きが違うという診断だったので、体の使い方も指導していただき、そこからは大きな怪我をしなくなった。球団トレーナーの方も、試合にあまり出ないような僕の体を毎日のようにほぐしてくれた。

入団時の寮長や寮母さんから始まり、僕は多くの人に支えられた。愛する家族、故郷の人々、チームメートにスタッフ、誇りに思う「松坂世代」のメンバー、そしてファンの皆さま。本当にありがとうございました。今は故郷の新潟と野球界に、少しずつ恩返しをしていきたいという思いでいる。僕に関わる人たちとの思い出の写真を、一枚でも多く残すことができたらうれしい。

２０１7年11月

加藤健

加藤健　年度別通算打撃成績

年度	試合数	打席	打数	安打	本塁打	打点	打率
2000	3	3	3	0	0	0	.000
2001	0	0	0	0	0	0	.000
2002	2	1	1	0	0	0	.000
2003	0	0	0	0	0	0	.000
2004	0	0	0	0	0	0	.000
2005	0	0	0	0	0	0	.000
2006	19	40	34	10	0	3	.294
2007	28	25	21	4	1	7	.190
2008	28	38	36	7	1	3	.194
2009	12	13	10	2	0	0	.200
2010	4	3	3	0	0	0	.000
2011	21	39	33	5	1	5	.152
2012	13	20	19	3	0	0	.158
2013	12	31	28	6	0	2	.214
2014	6	12	10	4	0	1	.400
2015	35	83	75	18	0	3	.240
2016	2	0	0	0	0	0	.000
通算18年	185	308	273	59	3	24	.216

松坂世代の無名の捕手が、なぜ巨人軍で18年間も生き残れたのか

2017年12月7日　初版第一刷発行

著　　者／加藤健

発 行 人／後藤明信
発 行 所／株式会社竹書房
〒102-0072　東京都千代田区飯田橋2-7-3
03-3264-1576（代表）　03-3234-6208（編集）
URL　http://www.takeshobo.co.jp

印 刷 所／共同印刷株式会社

カバー・本文デザイン／轡田昭彦＋坪井朋子
写真提供／鈴木一幸（読売巨人軍）・報知新聞社（アフロ）
協力／読売巨人軍
編集補佐／土屋亜利沙
企画・構成／石川遥輝

編 集 人／鈴木誠

Printed in Japan 2017

ISBN978-4-8019-1286-1